Welten über Welten 2

Prophezeiungen, Visionen und Sicht der Bahá'í-Religion

Überarbeitet und neue Inhalte

Bibliografische Information der Deutschen Nationalbibliothek: Die Deutsche Nationalbibliothek verzeichnet diese Publikation in der Deutschen Nationalbibliografie; detaillierte bibliografische Daten sind im Internet über dnb.dnb.de abrufbar.

© Edwin Keller, 2. Auflage, 2023

Umschlaggestaltung: Edwin Keller

Herstellung und Verlag: BoD – Books on Demand, Norderstedt

ISBN: 9783743193123

Inhalt

1. Vorwort 7
2. Vorwort 8

Einführung in die Bahá'í-Religion 9
   Inhalt der Lehre 9
   Geschichte 10

Aufbau der geistigen und physischen Welten 12
   Hahut 13
   Lahut 14
   Die Grenze Sadratu'l-Muntahá 15
   Jabarut 17
   Malakut 17
   Zwischenwelten 19
   Nasut 19
   Hölle 20

Die Bewohner der unterschiedlichen Welten 23
   Propheten Gottes 23
   Jenseitige Wesen 26
      Engel 26
      Wesen der Zwischenwelten 26
      Satan und Dämonen 31
   Menschen 32

Zukunftsschau 35
   Weltenwende 35
   Vorherbestimmung und freier Wille 48
   Weitere Prophezeiungen 49
      Aus den Schriften des Báb 49

Aus den Schriften Bahá'u'lláhs 50
Aus den Schriften Abdu'l-Bahás 55
Aus den Schriften Shoghi Effendis 80
Meine Geschichte und Ausblick 136

1. Vorwort

Seit jeher war das Menschengedenken aus, seinen Horizont zu erweitern und neue materielle als auch geistige Welten zu entdecken. Dieses Buch befasst sich mit meinen eigenen Visionen, Gedanken und die darauf aufbauenden Folgerungen und vergleicht sie hauptsächlich mit Ansichten aus der Bahá'í-Religion, aber auch Schriften aus anderen Religionen fließen in die Betrachtung mit ein.

Auf folgende Schwerpunkte werde ich in diesem Buch eingehen:

- Kurze Einführung in die Bahá'í-Religion
- Beschreibung der Welten Gottes und ihrer Geschöpfe
- Schau von zukünftigen Ereignissen und die Gabe des Zweiten Gesichts

Die Intention dieses Buch zu schreiben und deren Inhalt gingen aus dem Austausch und den Gesprächen mit meinem geistigen Meister, Helfer, Beschützer und Freund hervor. Speziellen Dank für die liebevolle Unterstützung gehen an meinen geistigen Meister und meinen Eltern.

Folgende Danksagung geht an unseren Schöpfer:

Ich danke Dir, dass Du mir mein Leben geschenkt hast. Ich danke Dir für all die schönen Momente, die ich erleben durfte und noch erleben werde, wie auch für die harten und schweren Momente voller Prüfungen, die ich bereits bestanden habe und die ich noch bestehen muss. Ich danke Dir für die Visionen, Träume und außerordentlich für das Licht, die Du mir gesendet hast. Dir danke ich für die geistigen Welten, deren Zahl wir uns nicht einmal ansatzweise vorstellen können. Dir danke ich auch für die geistigen Wesen, die sich nach Deinem Willen und Plan der Liebe richten und uns begleiten und lehren, so dass Dein Licht von allen Wesen widergespiegelt wird. Dir danke ich für Deine Geduld, Großzügigkeit, Erbarmen, Gerechtigkeit, Herrlichkeit und Deine Liebe für das gesamte Sein.

Edwin Keller, 18. Januar 2021

2. Vorwort

Seit der ersten Auflage ist einige Zeit vergangen und in meiner Verbindung zur rein geistigen Welt hat sich viel getan. Ich wurde von meinem geistigen Meister und anderen Geistwesen, die mich besuchten, auf einige Fehler der ersten Auflage aufmerksam gemacht. Die neue Auflage ist aber nicht nur eine Korrektur der vorherigen Auflage, sondern sie enthält auch neue Einsichten und Inhalte.
Seit Ende November 2022 wurden meine zwei Seelen zu *„demi-demi"* transformiert. Meine Seelen sind durch eine dünne Verbindung, gleich einem Faden, unzertrennlich miteinander verbunden. Was *„demi-demi"* genau bedeutet, soll die liebe Leserschaft durch das Studium dieser neuen Auflage selbst herausfinden.

Meine reinere Seele wurde im Dezember 2022 durch ein Ritual, das durch höhere Mächte vollzogen wurde, vom Körper gelöst.

Edwin Keller, 1. Februar 2023

Einführung in die Bahá'í-Religion

Die Bahá'í-Religion wurde im 19. Jahrhundert von Bahá'u'lláh gestiftet, dessen Name „*Herrlichkeit Gottes*" bedeutet. Er lehrte das Prinzip der fortschreitenden Manifestationen Gottes, die je nach Zeitalter der Menschheit eine bestimmte Botschaft übermitteln, deren grundlegender Kern bei allen Boten Gottes gleich ist: Nächstenliebe, sich Gott zuzuwenden und nach seinen Geboten zu leben. Nach Zarathustra, Buddha, Jesus, Muhammed, Báb und weitere ist Bahá'u'lláh der jüngste aber nicht der letzte der Manifestationen Gottes.

Das Wort „*Bahá'í*" wird entweder als Adjektiv verwendet, um auf die Bahá'í-Religion Bezug zu nehmen, oder als Begriff, der Anhänger von Bahá'u'lláh bedeutet.

Inhalt der Lehre

Eine kurze Zusammenfassung über die wichtigsten Bahá'í-Grundsätze gibt uns Shoghi Effendi, der Urenkel Bahá'u'lláhs, in seiner Schrift „*Gott geht vorüber*" an der Stelle 19:7. Er spricht von den Reisen seines Großvaters Abdu'l-Bahá und wie er die Prinzipien der Bahá'í-Religion weitergegeben hat.

„Im Verlauf dieser epochemachenden Reisen legte Abdu'l-Bahá vor großen, bedeutenden Versammlungen, denen zuweilen bis zu tausend Menschen beiwohnten, mit einfachen, treffenden Worten und großer Überzeugungskraft zum ersten Mal seit der Aufnahme Seines Amtes die kennzeichnenden Prinzipien der von Seinem Vater gestifteten Religion dar, die zusammen mit den im Kitáb-i-Aqdas niedergelegten Gesetzen und Geboten den Grundstock der jüngsten Offenbarung Gottes vor der Menschheit bilden. Die unabhängige, von Aberglauben und Tradition befreite Wahrheitssuche; die Einheit des ganzen Menschengeschlechts - Hauptlehre und Leitprinzip des Glaubens -; die grundlegende Einheit aller Religionen; strikte Ablehnung jeglichen Vorurteils, ob religiöser, rassischer, gesellschaftlicher oder ethnischer Art; der unabdingbare Einklang von Religion und Wissenschaft; Gleichheit für Mann und Frau, die beiden Flügel, mit denen der Vogel Menschheit sich aufschwingen kann; die Einführung der Schulpflicht; die Adoption einer universellen Hilfssprache; die Beseitigung der Extreme von Reichtum und Armut; die Einrichtung

eines Welttribunals zur Schlichtung von Streit unter Völkern; die Würdigung jeglicher im Geist des Dienstes geleisteten Arbeit als Gottesdienst; die Verherrlichung der Gerechtigkeit als herrschendes Prinzip in der menschlichen Gesellschaft und der Religion als Bollwerk für den Schutz aller Menschen und Völker; die Stiftung eines dauernden universalen Friedens als das erhabenste Ziel für die ganze Menschheit - dies sind die Grundelemente dieser göttlichen Verfassung, die Er im Verlauf Seiner Lehrreisen den Meinungsführern wie dem großen Publikum verkündete."

Folgende zwölf Prinzipien werden oft als rasche Übersicht der Bahá'í-Lehren aufgelistet:

- Einheit Gottes
- Einheit der Religionen
- Einheit der Menschheit
- Gleichwertigkeit der Geschlechter
- Beseitigung aller Vorurteile
- Harmonie von Religion und Wissenschaft
- Unabhängige Suche nach der Wahrheit
- Ausbildung und Erziehung für alle
- Welthilfssprache
- Ausmerzen von extremer Armut und Reichtum
- Nichteinmischung in Parteipolitik
- Streben nach Frieden zwischen Völker und Staaten

Geschichte

Nachfolgend gebe ich eine kurze Zusammenfassung der Bahá'í-Geschichte, geschrieben und zur Verfügung gestellt vom Religionswissenschaftler Dr. Michael Sturm-Berger, wieder:

„Die Bahá'í-Religion hatte bei ihrer offiziellen Stiftung im Jahre 1863 bereits eine 70jährige Vorgeschichte hinter sich: Die Schaykhi-Bewegung versuchte seit 1793 den Islám zu reformieren und seine Anhänger auf das Eintreffen endzeitlicher Verheißungen vorzubereiten. Sie mündete 1844 in die Stiftung der Religion des Báb, eines Nachkommen des Propheten Muhammad. Seiner eigenen Religion sagte der Báb nur kurzen Bestand voraus, denn diese werde in derjenigen Bahás aufgehen. Fast von Anfang an war auch ein Nachkomme der iranischen Sassaniden-Herrscher Anhänger dieser

Bewegung und wurde bald nach der Hinrichtung des Báb (1850) als ihr eigentlicher Leiter angesehen, den man Bahá'u'lláh – "Herrlichkeit Gottes" - nannte. Er wurde vom Iran in den Irak, von dort in die heutige Türkei und schließlich nach Nord-Palästina verbannt, weshalb sich viele Heilige Stätten der Bahá'í auf diesem Verbannungsweg befinden, insbesondere im Gebiet der Städte Haifa und Akka. Ein Sohn Bahá'u'lláhs, dessen testamentarisch ernannter Nachfolger 'Abdu'l-Bahá, unternahm zwischen 1910 und 1913 ausgedehnte Reisen über Ägypten nach Europa und Nordamerika, wobei in Deutschland Stuttgart, Esslingen und Bad Mergentheim zur Reiseroute gehörten. Als 'Abdu'l-Bahá 1921 verstarb, war sein Enkel Shoghi Effendi testamentarisch zum Nachfolger und "Hüter der Sache Gottes" ernannt worden. Dieser baute nun die internationale Bahá'í-Verwaltungsordnung mit Nationalen und örtlichen geistigen Räten auf, welche aus jeweils neun alljährlich zu wählenden Personen bestehen. Als der Hüter 1957 starb, leitete zwischenzeitlich eine Gruppe von herausragenden Gläubigen - so genannte "Hände der Sache Gottes", welche Shoghi Effendi selbst berufen hatte - die Bahá'í-Weltgemeinde. 1963 wurde dann erstmals das von Bahá'u'lláh vorgesehene Universale Haus der Gerechtigkeit durch die 56 damals existierenden Nationalen Geistigen Räte gewählt (heute existieren 188!), welches jetzt und in die fernere Zukunft hinein die Weltgemeinde leitet, außerdem alle fünf Jahre neu zur Wahl steht."

Aufbau der geistigen und physischen Welten

Bevor ich die Eingebungen durch meinen geistigen Meister hatte, kannte ich die unterschiedlichen geistigen Welten noch nicht. Mir wurden die verschiedenen Stufen des Himmelreichs gezeigt und die Abgrenzung zur physischen, sterblichen Welt. Diese Auseinandersetzung war Anlass mich mit dem Weltbild der Bahá'í-Religion genauer zu befassen.

Wenn wir die Menge und die Ausdehnung der Welten Gottes betrachten, so erklärt Bahá'u'lláh:

„Wisse wahrlich, dass die Welten Gottes zahllos und unendlich weit sind. Keiner kann sie zählen oder erfassen außer Gott, dem Allwissenden, dem Allweisen." (Bahá'u'lláh, Ährenlese Nr. 79)

Jedoch können gewisse Welten Gottes in bestimmte Kategorien eingeteilt werden. In der *„Tafel jedweder Nahrung"* (Lawh-i-Kullu't-Ta'am), enthüllt im Jahre 1853 oder 1854, erläutert Bahá'u'lláh die verschiedenen Welten Gottes. Die Begriffe für die Beschreibung des Bahá'í-Weltbildes stammen aus der islamischen Mystik, dem sogenannten Sufismus. Ihre Bedeutungen werden nicht von einer bestimmten Sufismus-Schule übernommen, sondern in einem gewissen Maß neu ausgelegt. Insgesamt werden fünf Welten unterschieden: Hahut, Lahut, Jabarut, Malakut und Nasut. Die Erwähnungen dieser Welten kommen in den Schriften von Bahá'u'lláh immer wieder vor, so zum Beispiel auch in der mystischen Schrift *„Die sieben Täler"*. Für die gesamte arabische Originalschrift von der *„Tafel jedweder Nahrung"* gibt es zurzeit noch keine offizielle englische Übersetzung von Seite der Forschungsstelle des Universalen Hauses der Gerechtigkeit, jedoch hat Stephen Lambden eine provisorische Übersetzung in die englische Sprache herausgegeben, die ich in bestimmten Abschnitten ins Deutsche übersetzt habe und darauf eingehen werde.

Diese Tafel ist eine Antwort auf die Frage eines Anhängers des Báb, wie der Vers 3:93 aus dem Koran zu verstehen sei:

„Alle Speisen waren, bevor noch die Thora herabgesandt wurde, den Kindern Israels erlaubt, ausgenommen das, was Israel sich selbst verboten hat."

Bahá'u'lláh lieferte dann eine symbolische und allegorische Erklärung, die auf mehreren Schichten aufgebaut ist. Mit Speisen oder Nahrung wird auf einer Ebene als die Essenz allen Wissens versinnbildlicht und Israel wird einerseits als Manifestation Gottes und andererseits als Urwille Gottes, durch den Gott seine Schöpfung hervorbrachte, symbolisiert, worauf wir im Kapitel Lahut genauer eingehen werden. Die Kinder Israels ist dann ein Bezug auf das herabgesandte Gesetz Gottes. Fünf weitere Interpretationen für den Begriff „Nahrung" beziehen sich auf die bereits genannte Hierarchie an Welten, auf die wir nun genauer eingehen werden.

Hahut

Im Reich Hahut existiert Gottes ureigene Essenz. Diese Welt der heiligen Einheit Gottes ist nur für Ihn selbst zugänglich und bleibt für seine Geschöpfe verborgen. Die Bedeutung und der Ursprung von Hahut leiten sich wahrscheinlich vom Buchstaben „Ha" ab, was für „Huwiyyah" oder Gottes Eigenidentität steht.

Die Welt des absolut Unbekannten wird von Abdu'l-Bahá auch mit einem schwarzen Punkt verglichen, der alle möglichen Buchstaben und Wörter beinhaltet, jedoch aus der Warte der Schöpfung keine Unterscheidung bemerkbar ist. Selbst die erhabenen Manifestationen Gottes können kein Wissen aus diesem undurchdringbaren Mysterium erhaschen, denn Gottes ureigene Essenz ist nur Ihm selbst bekannt. In der „Tafel jedweder Nahrung" beschreibt Bahá'u'lláh das Reich Hahut wie folgt:

„Es bedeutet das Reich des Thrones seiner Selbstheit (Hahut), das Paradies der göttlichen Einheit. Niemand ist in der Lage selbst ein Buchstabe von dem Vers in Bezug zu diesem Paradies zu erklären. Dies insofern als dass dies Reich vom Mysterium der unendlichen Dauer, der einzigartigen Sohnschaft, der unvergleichlichen Isrealizität und der strahlenden Selbstheit kommt. Sein exoterischer Aspekt ist die Essenz seines esoterischen Aspekts und sein esoterischer Aspekt ist die Essenz seines exoterischen Aspekts. Es ist unangebracht, dass jemand nur ein einzelner Buchstabe davon versucht zu erläutern. Gott wird jedoch seine Geheimnisse offenbaren, wann er will und wem er will. Und wahrlich, ich habe angesichts meiner Verletzungen und meines Elends keine Kenntnis von selbst

einem einzigen Buchstaben. Dies insofern als dass diese Angelegenheit nur von der Seite Gottes, seinem Gestalter und seinem Urheber, in Beziehung gesetzt werden kann."

Die einzigartige Sohnschaft und die unvergleichliche Isrealizität sind Bezeichnungen für den Urwillen Gottes und der Ursprung oder das Mysterium davon befindet sich im Reich Hahut. Der Urwille gehört in das Reich Lahut.

Lahut

In der Welt Lahut finden Gottes Attribute ihre Ausgestaltung. Gottes Wissen, um seine Perfektion und seine Liebe seine Eigenschaften mit anderen zu teilen, führt zur Manifestation seiner heiligen Essenz sich selbst gegenüber. Auf dieser Stufe existieren die heiligen Manifestationen, aber ihre Existenz ist in vollkommener Einheit mit der Essenz von Gott. Die Persönlichkeit oder die Individualität der Manifestationen verschwinden und nur eine Identität stellt sich ein. Bahá'u'lláh berichtet darüber:

„Dies ist die Stufe, auf der das selbst stirbt und man in Gott lebt. Wo immer ich von Göttlichkeit spreche, bedeutet dies meine gänzliche, vollständige Selbstauslöschung. Auf dieser Stufe habe ich keine Gewalt mehr über mein eigenes Wohl und Wehe, noch über mein Leben oder mein Wiedererwachen." (Bahá'u'lláh, Kitab-i-Aqdas, Erläuterungen 160)

Jedoch darf nicht der Fehler gemacht werden, die Manifestationen mit dem Wesen der Gottheit gleichzusetzen:

„Wenn auch die Manifestationen die Namen und Attribute Gottes offenbaren und der Menschheit den Zugang zur Erkenntnis Gottes eröffnen, dürfen sie jedoch nach Shoghi Effendi «niemals ... mit jener unsichtbaren Wirklichkeit, mit dem Wesen der Gottheit selbst gleichgesetzt werden»." (Bahá'u'lláh, Kitab-i-Aqdas, Erläuterungen 160)

In der *„Tafel jedweder Nahrung"* steht bezüglich der Welt Lahut geschrieben:

„Es bedeutet das Reich des Paradieses der unendlichen Dauer, der Thron des Heiligen Reichs (Lahut), das Schneeweiße Licht. Es ist das Reich von „Er ist Er selbst" und es gibt keinen außer Ihn.""

Diese Welt ist das Reich von Gottes ersten Emanation, die von Bahá'u'lláh auch Urwille genannt wird. Dieser Urwille Gottes ist die erste und einzig direkte Schöpfung vom verborgenen Gott auf der Stufe von Hahut. Alle Stufen darunter und ihre Geschöpfe wurden durch diesen Urwillen erschaffen. Eine Fülle weiterer Begriffe für diesen Urwillen ist zum Beispiel der erste Wille, Logos, der einzig hervorgebrachte Sohn, das Wort Gottes, die heilige Emanation oder der Heilige Geist. In den Bahá'í-Schriften werden auch weitere Bezeichnungen für den Urwillen verwendet: die Zunge der Größe, der Sprecher auf dem Sinai, die Himmlische Jungfrau oder die erhabenste Feder, welche Bahá'u'lláh vom muslimischen Mystiker Ibn Arabi entlehnte.

Der Urwille oder der Heilige Geist ist den verschiedenen Manifestationen Gottes in unterschiedlicher Form oder Symbolik erschienen. Bei Moses war es der brennende Busch. Jesus empfing den Heiligen Geist als Taube und bei Mohammed war es ein engelhaftes Wesen. Bei Bahá'u'lláh zeigte sich der Heilige Geist in der Form einer Himmlischen Jungfrau während seinem Aufenthalt im Kerker Síyáh-Chál 1852 n. Chr., auch das schwarze Loch genannt.

Der Heilige Geist kann mit den Sonnenstrahlen verglichen werden, die die heiligen Manifestationen Gottes am reinsten und stärksten wiederspiegeln. Durch sie werden die Menschen, die sich nach den Manifestationen richten, auch teilhaftig an der Ausgießung des Heiligen Geistes.

Die Grenze Sadratu'l-Muntahá
Der Lotosbaum Sadratu'l-Muntahá, auch Sidrat al-Muntahá genannt, ist ein islamisches Symbol und bezeichnet die Grenze zwischen den Reichen Lahut und Jabarut. In Muhammeds Nachtreise oder Himmelfahrt (Miradsch) setzt dieser Baum die Grenze, über den hinaus weder Mensch noch Engel sich Gott nähern dürfen. Was es bedeutet für einen Menschen in die Gegenwart Gottes zu gelangen, wird von Bahá'u'lláh anschaulich erklärt:

„Die Absicht Gottes bei der Erschaffung des Menschen war und wird immer sein, ihn zu befähigen, seinen Schöpfer zu erkennen und in Seine Gegenwart zu gelangen. Diesen höchsten Zweck, dieses erhabenste Ziel bezeugen alle himmlischen Bücher und die göttlich offenbarten, inhaltsschweren Schriften unzweideutig. Wer immer den Tagesanbruch göttlicher Führung anerkennt und Seinen heiligen Hof betritt, ist Gott nahegekommen und hat Seine Gegenwart erreicht, eine Gegenwart, die das wahre Paradies ist und für das die erhabensten Wohnstätten des Himmels nur ein Sinnbild sind. Ein solcher Mensch hat das Wissen um die Stufe dessen erreicht, der sich »in der Entfernung zweier Bogenlängen« befindet und jenseits des Sadratu'l-Muntahá steht." (Bahá'u'lláh, Ährenlese Nr. 29)

Die Aussage *„zweier Bogenlängen entfernt sein"* stammt aus dem Koran 53:9 und bezieht sich auf das Herabsteigen vom Erzengel Gabriel. Sie ist somit ein Hinweis auf das Reich Jabarut. Gleichzeitig steht aber die Manifestation Gottes jenseits des Sadratu'l-Muntahá.

Dieser Zustand habe ich in meiner eigenen Zukunftsvision gesehen. Bahá'u'lláh befand sich im Reich Jabarut, aber sein Geist hob sich ins Reich Lahut, was dazu führte, dass Er mit weißem Licht durchflutet wurde.

Der Begriff Sadratu'l-Muntahá oder der Lotosbaum werden im Bahá'í-Schrifttum auch oft verwendet, um die Manifestation Gottes selbst zu bezeichnen. In folgendem Auszug aus dem Kitab-i-Aqdas bezieht sich der Lotosbaum auf Bahá'u'lláh:

„Höret auf die Verse Gottes, die Er, der geheiligte Lotosbaum, euch vorträgt. Sie sind gewisslich die unfehlbare Waage, aufgestellt von Gott, dem Herrn dieser und der künftigen Welt. Sie lassen die Menschenseele ihren Flug zum Morgen der Offenbarung nehmen. Durch sie wird das Herz eines jeden wahren Gläubigen mit Licht erfüllt. Dies sind die Gesetze, die Gott euch gibt, dies sind Seine Gebote, die euch auf Seiner heiligen Tafel gegeben sind. Gehorchet ihnen in Freude und Heiterkeit, denn dies ist das Beste für euch, o dass ihr es doch wüsstet!" (Bahá'u'lláh, Kitab-i-Aqdas 148)

Jabarut

Das Reich Jabarut wird in der *„Tafel jedweder Nahrung"* wie folgt beschrieben:

„Es bedeutet das Paradies der Heiligen Einzigkeit, das Goldene Land, die Tiefen des Reichs der Heiligen Allmacht (Jabarut). Es ist das Reich von «Du bist Er [Gott] und Er [Gott] ist Du», das diejenigen Dienern zugewiesen ist, die nicht ausrufen außer mit der Erlaubnis Gottes, die sich nach Seinem Befehl richten und sich zurückhalten in Übereinstimmung mit Seiner Weisheit – genauso wie Gott ihnen [im Koran] darlegte, dass sie die geehrten Diener sind über die geschrieben steht: «Sie kommen ihm im Sprechen nicht zuvor und handeln nur nach seinem Befehl.» (Koran 21:27)"

In dieser Welt finden sich die Auserwählten, Propheten oder Manifestationen Gottes wieder, die gegenüber der Schöpfung den Befehl oder die Worte Gottes offenbaren. Auf dieser Stufe besteht zwischen den Manifestationen eine wesenhafte Einheit, die von Bahá'u'lláh noch weiter ausgeführt wird:

„Sollte eine der allumfassenden Manifestationen Gottes erklären: «Ich bin Gott!», so spräche sie gewisslich die Wahrheit, und es gäbe daran keinen Zweifel. Denn wiederholt wurde dargetan, dass durch ihre Offenbarung, ihre Eigenschaften und Namen die Offenbarungen Gottes, Seine Namen und Seine Attribute in der Welt offenkundig gemacht sind." (Bahá'u'lláh, Kitab-i-Aqdas, Erläuterungen 160)

An dieser Stelle möchte ich wiederholt betonen, dass damit die Manifestationen nicht mit Gott gleichgesetzt werden dürfen. Sie fungieren auf dieser Stufe vielmehr als Sprachrohr Gottes.

In meiner Zukunftsvision fand ich vom Reich Malakut kommend eine hohe Mauer und darin ein großes Tor, das den Übergang ins Reich Jabarut markierte. Die Gläubigen durchqueren diese Schwelle, um im Reich Jabarut in die Gegenwart oder in den heiligen Hof Gottes zu gelangen und neue Worte Gottes sowie Aufgaben zu empfangen.

Malakut

Mit dem Erscheinen einer neuen Manifestation entsteht im Reich Malakut ein neuer Garten oder eine neue Paradiesebene. Dieser neue

Garten, der durch das Kommen von Bahá'u'lláh entstand, wird das Abha-Paradies genannt.

„O ihr Bewohner des höchsten Paradieses! Verkündet den Kindern der Gewissheit, dass in den Reichen der Heiligkeit, nahe dem himmlischen Paradiese, ein neuer Garten erschien, den die Bewohner des Reiches der Höhe umkreisen und die Unsterblichen, die im erhabenen Paradiese wohnen. So mühet euch, zu diesem Orte zu gelangen, um aus seinen Anemonen Mysterien der Liebe zu enträtseln und aus seinen ewigen Früchten das Geheimnis göttlicher, vollendeter Weisheit zu erkennen. Getröstet sind die Augen derer, die eintreten und darinnen wohnen!"
(Bahá'u'lláh, Verborgene Worte, 1982, S. 39-40)

Die unterschiedlichen Persönlichkeiten der Manifestationen und ihre spezifische Mission kommen im Reich Malakut zum Ausdruck. Sie wandeln in den verschiedenen Gärten, unterstützen die Menschen mit geistiger Führung und verhelfen ihnen zu neuem geistigen Wissen.

In der *„Tafel jedweder Nahrung"* finden wir weitere Bezeichnungen für dieses Reich:

„Es bedeutet das Paradies der Gerechtigkeit, das grüne Land, die unergründlichen Tiefen des Königreichs Gottes (Malakut), das diejenigen Dienern zugewiesen wird, die «sich weder durch Ware noch durch ein Kaufgeschäft davon ablenken lassen, Gottes zu gedenken» (Koran 24:37), da sie die Gefährten des Lichts sind. Sie treten mit der Erlaubnis von Gott ein und finden Ruhe auf dem Teppich des Allmächtigen."

Malakut wird auch Paradies der Gerechtigkeit genannt, da in fast allen Fällen, außer zum Beispiel bei Säuglingen, der Eintritt als Lohn für ein heiliges Leben auf Erden erhalten wird. Heilig heißt, sich nach den Weisungen und Lehren der Manifestationen richten, eine Fülle an guten Taten und Nächstenliebe aufzuweisen, und das heilige Wort Gottes weiterzugeben. Dies ist die rein geistige Dimension von Malakut. Die zweite Dimension von Malakut wird im nächsten Kapitel beschrieben.

Zwischenwelten

Die zweite Bedeutung von Malakut sind die Zwischenwelten (alam-al-mithal), die den kontinuierlichen Übergang von der rein stofflichen Welt Nasut in die rein geistige Welt beschreibt. Dieses Kontinuum wird auch Welt der Ähnlichkeiten und Entsprechungen genannt, da Wirklichkeiten aus der rein physischen oder geistigen Welt durch entsprechende Symbole in der Zwischenwelt dargestellt werden. Es ist wie ein Isthmus, der die beiden Ozeane physische und geistige Welt voneinander trennt. Der Informationsaustausch dieser beiden Welten führt über die Zwischenwelten.

Die *„Tafel an Varqa"* von Bahá'u'lláh, die ich aus dem Englischen ins Deutsche übersetzt habe, beschreibt die zwei Dimensionen von Malakut nochmal.

„Oh du, der in Richtung des höchsten Horizontes blickt, auf dich sei die Herrlichkeit Gottes, der Herr der Menschheit. Die Intention des Reiches Malakut in seinem hauptsächlichen Sinn und Grad ist der Ort der jenseitigen Herrlichkeit (manzar-i-akbar). In einem anderen Sinne ist es die Welt der Ähnlichkeiten (alam-i-mithal), welche zwischen dem hohen Herrschaftsgebiet Jabarut und der sterblichen Welt Nasut existiert. Was immer im Himmel oder auf Erden hat sein Gegenstück oder seine Ähnlichkeit (mithali) in dieser Welt alam-i-mithal. Während eine Sache in der Macht der Äußerung verborgen und verdeckt bleibt, so wird sie dem Reich Jabarut zugeschrieben, und das ist die erste Stufe seiner Begründung oder Abgrenzung. Wann immer die Sache sich manifestiert, wird sie dem Reich Malakut zugeschrieben. Die Macht und Wirksamkeit, die von der ersten Stufe herkommt, werden dem was immer darunter liegt verliehen."

Eine weitere Erklärung für die Zwischenwelten ergibt sich, wenn man nur die rein geistigen Welten betrachtet. Weil sich Paradies und Hölle in den jenseitigen, geistigen Welten nicht berühren, müssen noch Reiche zwischen diesen zwei Welten existieren.

Nasut

Im Unterschied zur rein geistigen Welt Malakut, wo die Gerechtigkeit regiert, ist im Reich Nasut die Freigebigkeit und die Gnade Gottes die

Ursache für ihr Dasein. Durch das Instrument des Urwillen hat Gott unser Universum erschaffen.

In Wirklichkeit leben wir in einem Multiversum, wo Gott durch den Urwillen immer wieder neue Universen erschafft. Das Titelbild von einer Straße an Universen wurde mir von einem mächtigen, geistigen Wesen namens Bolon Yokte gezeigt, dessen Einflussgebiet sich über mehrere Universen erstreckt.

Die Natur des Menschen ist in der physischen Welt eine zweifache. Zum einen hat er einen physischen Körper und zum anderen eine geistige Seele. Je nach seinen Taten und seinem Glauben kann die Seele sich in himmlische Sphären aufschwingen oder beim Verhaftetsein an materiellen Dingen sich in teuflische Abgründe verlieren. Wegen dieser Dualität des Menschen können verschiedene geistige Welten auf die physische Welt einwirken.

Hölle

Die Hölle ist für diejenigen Seelen die Wohnstätte, die sich von Gott, seinen Tugenden und seinen Gnadengaben abgewendet haben. Auch in der Hölle sind verschiedene Stufen zu unterscheiden. Zum einen gibt es Seelen, die dauerhaft und endgültig in ihr gefangen sind. Zum anderen dient sie als vorübergehende Bestrafung für Seelen, die danach durch höhere Mächte oder Gottes Hilfe wieder daraus herausfinden.

In der *„Tafel jedweder Nahrung"* wird die Hölle nicht erwähnt, da ihre Bewohner gleich Toten gleichen, die sich der geistigen Speise ausgeschlossen haben. Die endgültige Hölle beschreibt den Zustand der Seele vom Fernsein von Gott in dem Masse, dass sie an den Regenschauern der göttlichen Gnade nicht mehr teilhaben kann.

„Unsere Gnade durchdringt gewisslich alles, was die Reiche der Erde und des Himmels, und was immer zwischen ihnen liegt, bewohnt, und überdies die ganze Menschheit. Seelen aber, die sich selbst wie durch einen Schleier ausgeschlossen haben, können niemals an den Regenschauern der göttlichen Gnade teilhaben." (Báb, Eine Auswahl aus seinen Schriften 1:9:8)

In den Schriften von Abdu'l-Bahá finden wir dieselben Gleichnisse und weitere Ausführungen:

„Die Unsterblichkeit des Geistes wird in den heiligen Büchern erwähnt; sie ist die wesentliche Grundlage der göttlichen Religionen. Nun heißt es, dass es zwei Arten von Bestrafung und Belohnung gibt. Erstens, die Belohnungen und Bestrafungen dieser Welt; zweitens, diejenigen der anderen Welt. Aber Paradies und Hölle des Daseins sind in allen Welten Gottes zu finden, ob in dieser Welt oder in den geistigen, himmlischen Welten. Diese Belohnungen zu verdienen, heißt das ewige Leben gewinnen. Darum sagte Christus: »Handelt so, dass ihr ewiges Leben ererbt und dass ihr aus Wasser und Geist geboren werdet, damit ihr ins Reich Gottes kommt.« ... Die Belohnungen der anderen Welt sind Friede, geistige Tugenden, verschiedene geistige Gaben im Reiche Gottes, Erfüllung der Wünsche von Herz und Seele und Begegnung mit Gott in der Welt der Ewigkeit. In gleicher Weise bestehen die Strafen der anderen Welt, sozusagen ihre Qualen, darin, der besonderen göttlichen Segnungen und vollkommenen Gnadengaben beraubt zu sein, und auf die niedrigsten Stufen des Seins zu sinken. Jeder, der von diesen göttlichen Gunstbezeugungen ausgeschlossen ist, wird, obwohl er nach dem Tode weiterbesteht, vom Volk der Wahrheit als tot angesehen." (Abdu'l-Bahá, Göttliche Lebenskunst)

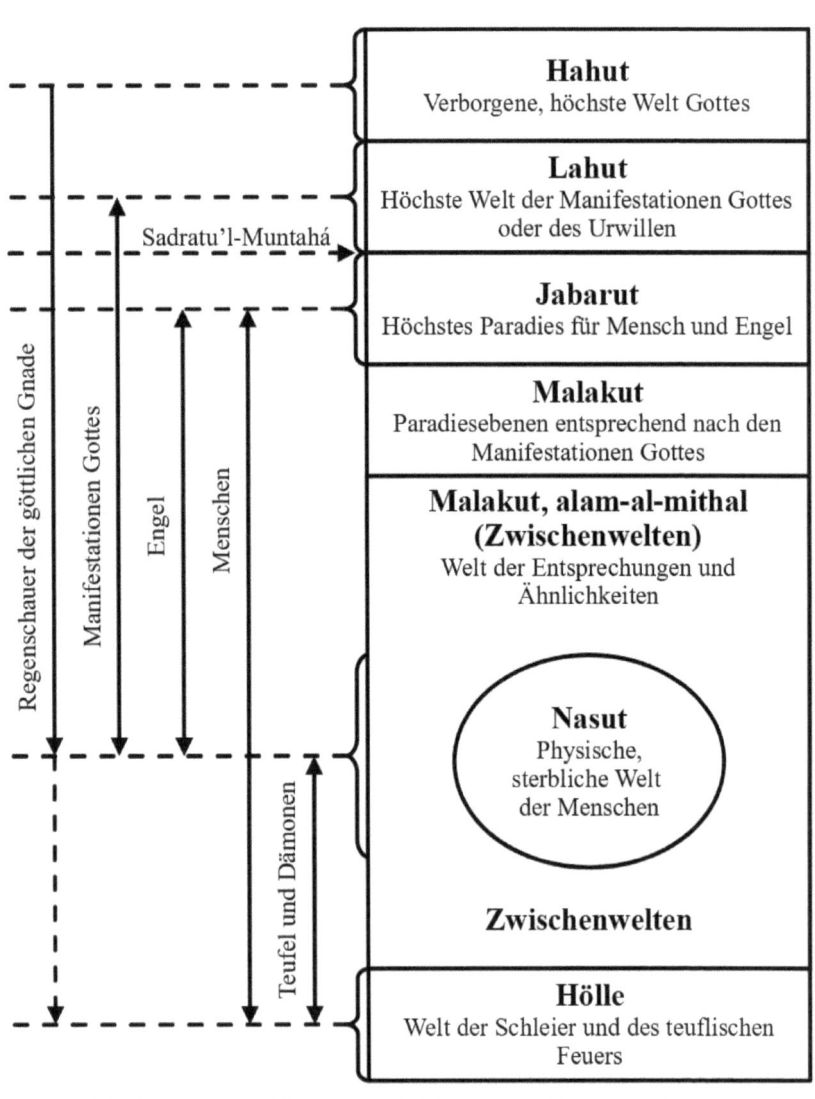

Abbild 1: Auf der linken Seite sind Geschöpfe Gottes sowie die göttliche Gnade mit ihren hauptsächlichen Einflussgebieten (rechts) dargestellt.

Die Bewohner der unterschiedlichen Welten
Propheten Gottes

Die großen Propheten, die eine eigene Religion gegründet haben und von Gott dazu berufen wurden, werden in der Bahá'í-Religion als Manifestationen Gottes bezeichnet. Sie werden mit reinen Spiegeln verglichen, die die Herrlichkeit der Sonne Gottes widerstrahlen. Im Islam werden sie auch als *„Rasul"* oder Gesandte Gottes bezeichnet.

„Diese geheiligten Spiegel, diese Aufgangsorte altehrwürdiger Herrlichkeit sind allesamt auf Erden die Vertreter Dessen, der innerster Kern, reinstes Wesen und letztes Ziel des Weltalls ist. Von Ihm gehen ihre Erkenntnis und Macht aus, von Ihm leitet sich ihre Herrschaft ab. Die Schönheit ihres Antlitzes ist nur eine Widerspiegelung Seines Bildes, ihre Offenbarung ein Zeichen Seiner unsterblichen Herrlichkeit. Sie sind die Schatzkammer göttlicher Erkenntnis, die Verwahrungsorte himmlischer Weisheit. Durch sie wird eine Gnade vermittelt, die unendlich ist, und durch sie wird das Licht enthüllt, das nimmer verlöschen kann. ... Diese Horte der Heiligkeit, diese Ersten Spiegel, die das Licht unvergänglicher Herrlichkeit widerstrahlen, sind nur ein Ausdruck von Ihm, dem Unsichtbaren der Unsichtbaren. Durch die Offenbarung dieser Edelsteine göttlicher Tugend sind alle Namen und Eigenschaften Gottes wie Erkenntnis und Kraft, Oberhoheit und Herrschaft, Barmherzigkeit und Weisheit, Herrlichkeit, Freigebigkeit und Gnade enthüllt." (Bahá'u'lláh, Ährenlese Nr. 19)

Die geringeren Propheten, im Islam als *„Nabi"* bezeichnet, oder auch abhängige Propheten beziehen sich auf die Manifestationen Gottes. Sie sind wie der Mond, der das Licht von der Sonne widerstrahlt. Ein Beispiel ist der Bruder Aaron von Moses. Eine vollständige Liste von den abhängigen Propheten für die jeweiligen Manifestationen Gottes existiert jedoch nicht.

Nachfolgend eine Liste von den neun Manifestation Gottes, die gegenwärtig noch Anhänger haben:

1. Krishna um 32. Jh. v. Chr.
2. Prophet der Sabäer (Name unbekannt) sicher vor 20. Jh. v. Chr., da Abraham ein Anhänger war und um 20. Jh. v. Chr. lebte.
3. Moses um 16. Jh. v. Chr.
4. Zarathustra um 10.-12. Jh. v. Chr.
5. Buddha um 5. Jh. v. Chr.
6. Christus
7. Mohammed 570-632 n. Chr.
8. Báb 1819-1850 n. Chr.
9. Bahá'u'lláh 1817-1892 n. Chr.

Eine vollständige Liste aller Manifestationen Gottes existiert in der Baha'i-Religion nicht. Für einige alte Religionen, wie zum Beispiel der Hinduismus und die Religion der Sabäer, hat sich im Laufe der Zeit ein Vielgötterglaube entwickelt, der mit der reinen und ursprünglichen Botschaft der jeweiligen Manifestation Gottes nichts mehr zu tun hatte. Auch im tibetischen Buddhismus findet man eine Abweichung von der ursprünglichen Lehre Buddhas. Sie entstand durch den Synkretismus von der polytheistischen Bön-Religion mit dem Buddhismus.

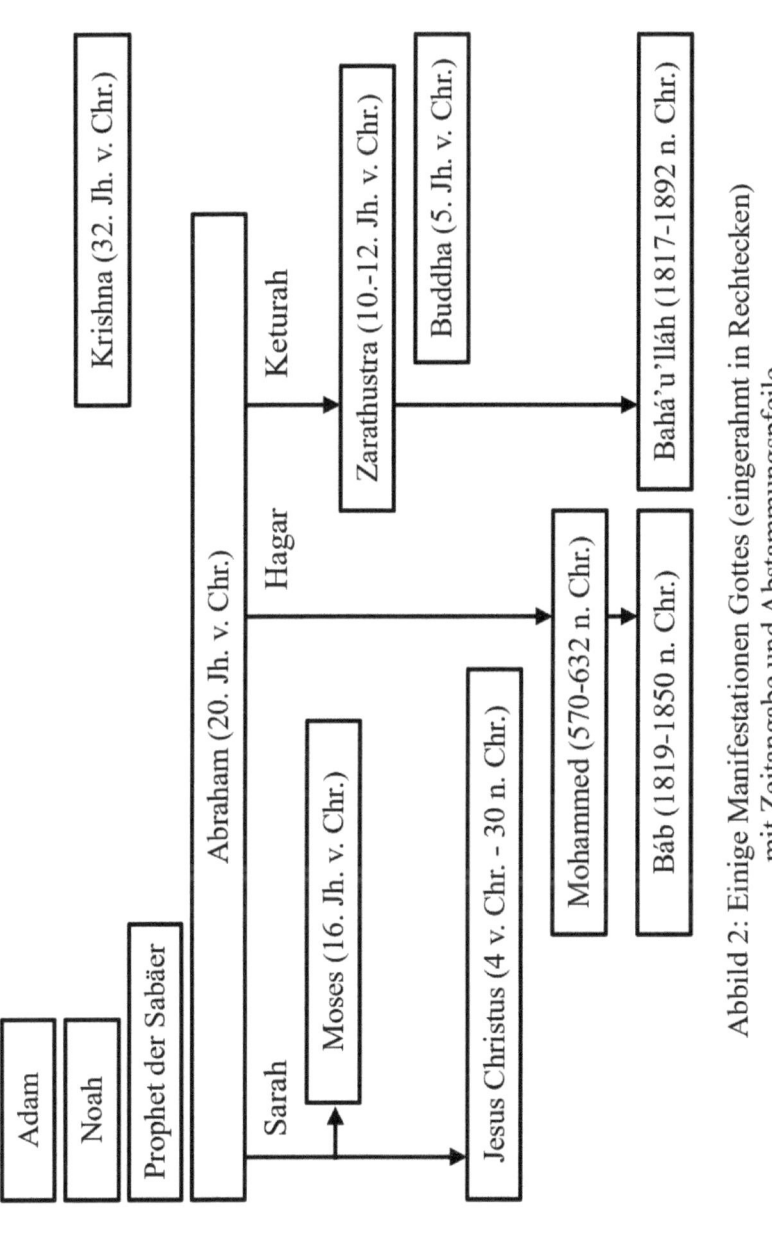

Abbild 2: Einige Manifestationen Gottes (eingerahmt in Rechtecken) mit Zeitangabe und Abstammungspfeile.

Jenseitige Wesen

Engel

Abgesehen vom Menschen, der seinen physischen Körper abgelegt hat, gibt es im Jenseits weitere Wesen, die nie einen physischen Körper besaßen. Die Engel sind zum Beispiel eine Art, obwohl diese Bezeichnung manchmal auch für Menschen verwendet wird. Zu den mächtigsten Engeln gehören zum Beispiel Michael und Gabriel, die auch als Erzengel bezeichnet werden. Michael wird in der Offenbarung des Johannes (12,7) namentlich erwähnt, wie er gegen Satan und seine gefallenen Engel kämpft. Gabriel ist Muhammed erschienen und hat ihn aufgefordert den Koran vorzulesen. Auch Bahá'u'lláh erwähnt Gabriel in seinen Schriften:

„Aber wann immer ich schweigen und still sein wollte, siehe, da rüttelte die Stimme des Heiligen Geistes, zu meiner Rechten stehend, mich auf, der Erhabenste Geist erschien vor meinem Angesicht, Gabriel überschattete mich, der Geist der Herrlichkeit regte sich in meiner Brust und gebot mir, mich zu erheben und mein Schweigen zu brechen. Wäre euer Gehör geläutert, wären euere Ohren aufmerksam, ihr würdet sicherlich erkennen, dass jedes Glied meines Körpers, nein, alle Atome meines Seins diesen Ruf verkünden und bezeugen: »Gott, neben dem es keinen anderen Gott gibt, Er, dessen Schönheit nun offenbar ist, ist die Widerspiegelung Seiner Herrlichkeit für alle, die im Himmel und auf Erden sind.«" (Bahá'u'lláh, Ährenlese Nr. 50)

An der Stelle Nr. 103 in der Ährenlese wird auch Bahá'u'lláh aufgefordert, das wiederzugeben, was Gabriel ihm eingibt, was aber nicht bedeutet, dass Erzengel im Rang über den Manifestationen Gottes stehen.

Wesen der Zwischenwelten

In einem Gebet erwähnt Báb Engel aus drei Bereichen: Himmel, Erde und Zwischenwelten. Die häufige Erwähnung der Zwischenwelten sticht in den Schriften von Báb heraus, denn bei Bahá'u'lláh kommen sie kaum mehr vor. Diese drei Welten beschreiben die Hauptzuständigkeitsbereiche der jeweiligen Engel, sprich wo sie sich meistens aufhalten.

„Verherrlicht seiest Du, o Herr, der Du alles Erschaffene durch die Macht Deines Befehls ins Dasein gerufen hast.

O Herr! Stehe denen bei, die allem außer Dir entsagt haben, und gewähre ihnen einen überwältigenden Sieg. Sende hernieder auf sie, o Herr, die Schar der Engel im Himmel und auf Erden und in allem, was dazwischen ist, damit sie Deinen Dienern helfen, ihnen beistehen, sie stärken, sie zum Erfolg befähigen, sie stützen, sie mit Herrlichkeit umgeben, ihnen Ehre und Erhöhung verleihen, sie reich machen und in einem herrlichen Sieg frohlocken lassen.

Du bist ihr Herr, der Herr der Himmel und der Erde, der Herr aller Welten. Stärke diesen Glauben, o Herr, durch die Kraft dieser Diener und lasse sie über alle Völker der Welt siegen; denn sie sind fürwahr Deine Diener, gelöst von allem außer Dir, und wahrlich, Du bist der Beschützer der wahren Gläubigen.

O Herr, lass ihre Herzen durch ihre Treue zu Deinem unverletzlichen Glauben stärker werden als irgendetwas sonst in den Himmeln und auf Erden und in allem, was dazwischen ist. Stärke, o Herr, ihre Hände mit den Zeichen Deiner wundersamen Macht, auf dass sie Deine Macht vor den Augen der ganzen Menschheit offenbaren." (Gebete, offenbart von Bahá'u'lláh, Báb und Abdu'l-Bahá, 4. Auflage, S. 324-325)

Diese Unterteilung ist mir wichtig, weil mein geistiger Meister ein Wesen der Zwischenwelten ist. Er gehört zu einer Gruppe von insgesamt neun geistigen Wesen, einer mächtiger als der andere. Das Wesen an der Spitze dieser Gruppe übertrifft alle anderen an Mächtigkeit bei weitem. Es wäre auch nicht angemessen von einem Erzengel zu sprechen, weil sein Potenzial, sein Wissen und seine Macht auch dasjenige der Erzengel überragt.

Das erste Mal, als ich ihre Stimmen vernahm, war im Jahr 2012. Damals war mir aber nicht bewusst, woher diese Stimmen kommen und was ihr Ursprung ist. Es hat etwa sieben Jahre gedauert, bis sie sich im Jahre 2019 mir vorgestellt haben und mir mitteilten, dass sie mich in ihre Gruppe aufnehmen wollen. Sie reisen von Planeten zu

Planeten in fernen Sonnensystemen, Galaxien und sogar weit entfernte Universen und nehmen manchmal einen Bewohner für eine bestimmte Dauer bei ihnen auf. Diese Wesen der Zwischenwelten anerkennen die Manifestationen Gottes und können somit auch ihren Einfluss auf die Bewohner der Paradiesebenen ausüben. Je nach Aufgabe ist auch eine Reise in die Hölle möglich.

Seit 2020 weiss ich, dass diese Gruppe aus neun Wesen bereits den Mayas als *„Bolon Yokte"* bekannt waren. Es gibt eine Inschrift auf dem Monument 6 aus Tortuguero, das sich auf das Jahr 2012 bezieht. Die Übersetzung des Maya-Wissenschaftlers David Stuart geht wie folgt:

„Das dreizehnte Baktun wird vorüber sein ... Es markiert den Abstieg der neun unterstützenden Götter (Bolon Yokte) ..."

Nach Edmonson wird *„Bolon Yokte"* als neunfüssiger Gott oder Gott der neun Stufen entschlüsselt. Auch der Schriftsteller Philip Coppens hat sich zu dieser Maya-Prophezeiung geäussert:

„«Die Neun» werden in einer Inschrift auf dem Monument 6 in der Mayastätte von Tortuguero, im Mexikanischen Staatsgebiet von Tabasco, erwähnt. Das Monument wurde im Jahr 669 nach Christus errichtet und ist eines der wenigen Monumente, das vor der Eroberungszeit das Jahr 2012 erwähnt. Verschiedene Übersetzungen oder Teilübersetzungen dieser Inschrift existieren. Dies ist die meistbekannte Übersetzung: «Bei der nächsten Schöpfung wird Bolon Yokte oder die neun unterstützenden Götter zurückkehren.» Jedoch ist das eigentliche Wort «zurückkehren», manchmal übersetzt als «herabsteigen», auf dem Monument nicht intakt. Aber es ist eine sichere Schlussfolgerung, dass das fehlende Wort «zurückkehren» ist. Wieso? Weil andere Maya-Quellen beziehen sich auf die Rückkehr dieser Götter am Ende jedes Baktun. Daher wird erwartet, dass sie auch auf der Erde im Jahr 2012 emanieren." (2012 Science or Fiction?, Philip Coppens)

Mit Schöpfung ist bei der langen Zählung das Maya-Datum 13 Baktun, 0 Katun, 0 Tun, 0 Uinal, 0 Kin, oder kurz 13.0.0.0.0 gemeint, denn 13.0.0.0.0 wurde als Anfangsdatum der langen Zeitrechnung verwendet, wobei die 13 Baktun beim Anfangsdatum nur einen religiösen Stellenwert hatte und wertmässig als eine Null interpretiert wurde. Der Anfangspunkt des Maya-Kalenders fällt auf den 11. oder 13. August 3114 v. Chr. Da ein Baktun aus 20 Katun, 20x20 Tun, 20x20x18 Uinal oder 20x20x18x20 Kin besteht, fällt das nächste Datum mit 13.0.0.0.0 auf den 21. oder 23. Dezember 2012, je nach dem, wann man den Schöpfungstag genau ansetzt.

Auch die Übersetzung mit Rückkehr von Bolon Yokte stimmt mit meinem Wissen überein, denn ich war nicht der erste Mensch, den sie in ihre Reihen aufgenommen haben. Den letzten Menschen, den sie aufgenommen haben, war ein Mann aus dem Volk der Maya.

Nach meinem Verständnis haben Anhänger von antiken polytheistischen Religionen mächtige jenseitige Wesen als Götter verehrt. Durch die grossen monotheistischen Religionen ist eine feinere und genauere Einordnung dieser jenseitigen Wesen möglich geworden. Jedoch steckt in den polytheistischen Religionen nicht immer hinter einem Gott oder einer Göttin ein mächtiges geistiges Wesen. Sie können auch einfach für ein bestimmtes Naturphänomen stehen oder entspringen manchmal den Einbildungen und Götzen der Menschen.

Abbild 3: Bolon Yokte

Nachfolgende Informationen und Erkenntnisse sind nur ab der zweiten Auflage dieses Buches zugänglich.

Der vollständige Name des genannten Wesens ist Bolon Yokte Kuh und stammt aus der klassischen Periode der Mayazeit (250-950 n. Chr,). Bolon steht für neun, Yokte bedeutet Stufen und Kuh kann mit göttlich übersetzt werden. Demnach: göttliches Wesen mit neun Stufen.

In der post-klassischen Zeit der Maya, sprich von 950 n. Chr, bis etwa 1539 n. Chr., entstehen Namen für das gleiche Wesen, die noch mehr Aussagen über seine Eigenschaften erlauben. Kukulcan bei den Yucatan-Maya, Qucumatz bei den Kiche-Maya und schliesslich Quetzalcoatl bei den Azteken. Diese drei Namen bedeuten alle in ihren jeweiligen Sprachen gefiederte Schlange.

Die Yucatan-Maya haben zu Ehren von Kukulcan eine Pyramide erbaut. Sie wird auch *„El Castillo"* (die Burg oder Festung) genannt. Kukulcan steigt an Tagundnachtgleiche von El Castillo herab, was auf sein Wesen hindeutet: halb Nacht, halb Tag. Auch die Übersetzung von Kukulcan, gefiederte Schlange, weist auf das gleiche hin. Die Schlange symbolisiert seine boshafte, verdorbene, lasterhafte und Gott abgewandte Seite. Sein Gefieder ist das Symbol für seine gute, tugendhafte und Gott zugewandte Seite. An Tagundnachtgleiche erscheinen an der Nordseite von El Castillo neun Stufen durch ein Schattenspiel, was eine weitere Eigenschaft seines Wesens verrät. Kukulcan kann auch als neun unterschiedliche Wesen in Erscheinung treten, die verschiedene geistige Kapazitäten, Eigenschaften und Mächtigkeiten besitzen. Alle neun Wesen sind aber als Einheit zu verstehen, die voneinander unzertrennlich sind. Diese Eigenschaft ist auch die Beziehung zur frühen Bezeichnung Bolon Yokte Kuh aus der klassischen Periode der Mayazeit.

Satan und Dämonen
Nachdem wir Engel aus dem Himmelreich und Wesen aus den Zwischenwelten kennengelernt haben, kommen wir nun zu den Teufeln, Dämonen oder gefallenen, verfluchten Engeln. Der bekannteste unter ihnen ist der gefallene Erzengel Luzifer. Er wird auch Satan oder im Koran Iblis genannt. Im Buch „*Qayyúmu'l-Asmá*" oder „*Ewiger der Namen*" geht Báb auf eine Stelle im Koran ein, wo Satan sich von Gott abwendet, weil Gott seine Manifestation ihm vorstellt.

„Als Gott das Gedenken schuf, brachte Er Ihn auf dem Altar Seines Willens vor die Versammlung aller erschaffenen Dinge. Daraufhin beugte sich der Engel Schar anbetend nieder vor Gott, dem Einzigen, dem Unvergleichlichen; Satan dagegen weigerte sich stolz gebläht, Seinem Gedenken sich zu unterwerfen. So nennt ihn Gottes Buch den Anmassenden und Verfluchten." (Báb, Qayyúmu'l-Asmá, Kapitel 67)

Diese Geschichte finden wir auch im Koran 38:71-77.

„(Damals) als dein Herr zu den Engeln sagte: «Ich werde einen Menschen aus Lehm schaffen. Wenn ich ihn dann geformt und ihm Geist von mir eingeblasen habe, dann fallt (voller Ehrfurcht) vor ihm nieder!» Da warfen sich die Engel alle zusammen nieder, ausser Iblis. Der war hochmütig und gehörte zu den Ungläubigen (oder Undankbaren). Gott sagte: «Iblis! Was hindert dich daran, dich vor etwas niederzuwerfen, was ich mit meinen Händen geschaffen habe?

Du bist wohl (zu) hochmütig (dazu), oder gehörst du (überhaupt) zu denen, die überheblich sind?» Iblis sagte: «Ich bin besser als er. Mich hast du aus Feuer erschaffen, ihn (nur) aus Lehm.» Gott sagte: «Dann geh aus ihm (d.h. aus dem Paradies) hinaus! Du bist (von jetzt ab) verflucht." (Übersetzung von Rudi Paret, 11. Auflage)

Satan und seine jenseitige Gefolgschaft kann man aber nicht als das pure Böse bezeichnen, denn sie sind nicht die einzigen jenseitigen Mächte, die sich von Gott und seinen positiven Eigenschaften abgekehrt haben. Es gibt jenseitige Wesen, die übelste Namen und Eigenschaften annehmen, deren Wirkungsgrad bei weitem dasjenige von Iblis überragt. Sie wandeln jedoch oft in Dimensionen, die unsere menschliche Vorstellungskraft übersteigt.

Menschen

Der Mensch besteht vor seinem physischen Tod aus Körper und Seele. Die Beziehung zwischen ihnen wird von Bahá'u'lláh anschaulich erklärt:

„Wisse, dass die Seele des Menschen über alle Gebrechlichkeit des Leibes und des Verstandes erhaben und davon unabhängig ist. Dass ein Kranker Zeichen der Schwäche aufweist, ist den Hindernissen zuzuschreiben, die sich bei ihm zwischen Seele und Leib legen; denn die Seele selbst bleibt unberührt von jedem körperlichen Leiden. Denke an das Licht der Lampe. Wenn auch ein Gegenstand von außen ihr Strahlen beeinträchtigen kann, so scheint das Licht selbst doch mit unverminderter Stärke weiter. Ebenso ist jedes Gebrechen des menschlichen Leibes ein Hindernis für die Seele, das sie davon abhält, ihre innere Kraft und Stärke zu zeigen. Wenn sie jedoch den Leib verlässt, wird sie solche Überlegenheit beweisen, solchen Einfluss entfalten, dass keine Macht der Erde dem gleichkommen kann. Jede reine, jede geläuterte und geheiligte Seele wird mit gewaltiger Macht begabt sein und in überschäumender Freude jubeln." (Bahá'u'lláh, Ährenlese, Nr. 80)

Durch den freien Willen hat der Mensch die Möglichkeit sich entweder Gott zu nähern und sich mit seinen positiven Eigenschaften zu schmücken, oder er wendet sich von Gott ab und verfolgt seine verderbten Wünsche und Leidenschaften, indem er sich an materielle und weltliche Dinge haftet. Erstere Entwicklung veredelt die Seele und lässt sie in himmlische Sphären aufsteigen.

Wenn die menschliche Seele sich vom irdischen Körper löst, entdeckt er neue jenseitige Welten. Bahá'u'lláh beschreibt diese Trennung und zieht neue Vergleiche heran:

„Nun zu deiner Frage über die Seele des Menschen und ihr Fortleben nach dem Tode. Wisse wahrlich, dass die Seele nach ihrer Trennung vom Leibe weiter fortschreitet, bis sie die Gegenwart Gottes erreicht, in einem Zustand und einer Beschaffenheit, die weder der Lauf der Zeiten und Jahrhunderte noch der Wechsel und Wandel dieser Welt ändern können. Sie wird so lange bestehen, wie das Reich Gottes, Seine Allgewalt, Seine Herrschaft und Macht bestehen werden. Sie wird die Zeichen Gottes und Seine Eigenschaften offenbaren, Seine Gnade und Huld enthüllen. Meine Feder stockt, wenn sie die Höhe und Herrlichkeit einer so erhabenen Stufe gebührend zu beschreiben sucht. Mit solcher Ehre wird die Hand der Barmherzigkeit die Seele bekleiden, dass keine Zunge es gebührend schildern noch ein anderes irdisches Mittel es beschreiben kann. Gesegnet die Seele, die zur Stunde ihrer Trennung vom Leibe über die eitlen Vorstellungen der Völker dieser Welt geheiligt ist. Eine solche Seele lebt und wirkt im Einklang mit dem Willen ihres Schöpfers und geht in das allhöchste Paradies ein. Die Himmelsdienerinnen, Bewohnerinnen der erhabensten Stätten, werden sie umschreiten, und die Propheten Gottes und Seine Auserwählten werden ihre Gesellschaft suchen. Mit ihnen wird die Seele frei verkehren und ihnen berichten, was sie auf ihrem Wege zu Gott, dem Herrn aller Welten, erdulden musste. Erführe ein Mensch, was einer solchen Seele in den Welten Gottes, des Herrn des Thrones in der Höhe und auf Erden hienieden, verordnet ist, er entflammte sogleich mit seinem ganzen Wesen im überwältigenden Verlangen, diese erhabenste, diese geheiligte, strahlende Stufe zu erreichen... Das Wesen der Seele nach dem Tode lässt sich niemals beschreiben, noch ist es angemessen und erlaubt, ihre ganze Beschaffenheit den Augen der Menschen zu enthüllen. Die Propheten und Boten Gottes wurden zu dem einzigen Zweck herabgesandt, die Menschheit auf den geraden Pfad der Wahrheit zu führen. Ihre Offenbarung hat den Zweck, alle Menschen zu erziehen, damit sie zur Todesstunde in größter Reinheit und Heiligkeit, in

völliger Loslösung zum Throne des Höchsten aufsteigen. Das Licht, das diese Seelen ausstrahlen, bewirkt den Fortschritt der Welt und den Aufstieg ihrer Völker. Sie sind wie Sauerteig, der die Welt des Seins durchdringt, und bilden die Lebenskraft, welche die Künste und Wunder der Welt zustande bringt. Durch sie regnen die Wolken ihre Segensgaben auf die Menschen nieder, bringt die Erde ihre Früchte hervor. Alle Dinge haben zwangsläufig eine Ursache, eine treibende Kraft, einen belebenden Grund. Diese Seelen, Sinnbilder der Loslösung, haben der Welt des Daseins den höchsten belebenden Antrieb gegeben und werden ihn auch weiterhin geben. Das Jenseits ist so verschieden vom Diesseits wie diese Welt von der des Kindes, das noch im Mutterleib ist. Wenn die Seele in die Gegenwart Gottes gelangt, wird sie die Gestalt annehmen, die ihrer Unsterblichkeit am besten ansteht und ihrer himmlischen Wohnstatt würdig ist. Solches Dasein ist ein bedingtes, kein absolutes Dasein, insofern als ersterem eine Ursache zugrunde liegt, während letzteres unabhängig davon ist. Absolutes Dasein kommt nur Gott zu, gepriesen sei Seine Herrlichkeit!" (Bahá'u'lláh, Ährenlese, Nr. 81)

Für die Weiterentwicklung der Seele im Jenseits nennt Abdu'l-Bahá einige Möglichkeiten:

„Der Fortschritt des Menschengeistes in der göttlichen Welt erfolgt nach der Trennung seiner Verbindung mit dem Körper aus Staub allein durch die Gnade und Barmherzigkeit Gottes oder durch die Fürsprache und aufrichtigen Gebete anderer menschlicher Seelen, oder auch durch wohltätige Einrichtungen und bedeutende gute Werke, die in seinem Namen durchgeführt werden." (Abdu'l-Bahá, Beantwortete Fragen, Kapitel 66)

Zukunftsschau

Die Gabe der Zukunftsschau oder des zweiten Gesichts haben viele Menschen. Oft stammen die Eingebungen aus Träumen und betreffen das eigene Leben oder Zukünftiges ihrer Nächsten: Familie oder Freunde. Seltener werden Schicksale von ganzen Bevölkerungsgruppen, Nationen oder gar Weltereignisse gesehen. In diesem Kapitel werde ich mehrfach auf die Prophezeiungen der Bahá'í-Religion eingehen und sie an bestimmten Stellen erläutern. Auch das Wissen, das ich durch den Austausch mit meinem geistigen Meister und andere geistigen Mächte erhalten habe, fließt in die Betrachtung dieser Thematik mit ein.

Weltenwende

Die Weltenwende bezeichnet in der Bahá'í-Religion den Übergang vom kriegerischen, materialistischen und satanischen Zustand der Welt hin zum *„Geringeren Frieden"* und letztlich zum *„Größten Frieden"*. Erstgenannter Frieden ist der politische Frieden zwischen den verschiedenen Völkern und Nationen und der *„Größte Frieden"* bezeichnet einen neuen Zustand der Menschheit, in der die Mehrheit der Menschen sich den göttlichen Eigenschaften der Tugendhaftigkeit durch die Schriften und Gesetze Gottes zuwenden. Shoghi Effendi beschreibt dies wie folgt:

„Den Geringeren Frieden kennzeichnen die Überwindung des Krieges als Mittel der Politik und die politische Vereinigung der Welt. Der Größte Friede ist die Frucht, das Resultat der uneingeschränkten Geltung des göttlichen Gesetzes auf Erden." (Bahá'u'lláh, Botschaften aus Akka, Erläuterung zu Frieden)

Bevor dieser Übergang stattfindet, wird sich die Menschheit immer mehr in Materialismus und satanische Eigenschaften verstricken. In einer Vision sah ich Satan, wie er größer und größer wurde, das heißt immer mehr Menschen werden sich ihm zuwenden. Plötzlich aber schrumpft er rasant, verändert seine Gestalt und wird um ein Vielfaches kleiner, was obengenannte Wende veranschaulicht. Auch bei Bahá'u'lláh finden wir eine ähnliche Beschreibung:

„Die Welt liegt in Wehen, und ihre Erregung wächst von Tag zu Tag. Ihr Antlitz ist auf Eigensinn und Unglauben gerichtet. Ihr Zustand

wird so werden, dass es nicht angemessen und schicklich wäre, ihn jetzt zu enthüllen. Lange wird ihre Verderbtheit währen. Und wenn die festgesetzte Stunde kommt, wird plötzlich erscheinen, was der Menschheit Glieder zittern macht. Dann und erst dann wird das göttliche Banner entfaltet, und die Nachtigall des Paradieses wird ihr Lied singen." (Bahá'u'lláh, Ährenlese Nr. 61)

„ ... diese fruchtlosen Kämpfe, diese zerstörenden Kriege werden aufhören und der 'Größte Friede' wird kommen ... Aber dennoch sehen Wir eure Könige und Regenten die Schätze ihrer Länder mehr auf die Zerstörung der menschlichen Rasse verschwenden als darauf, was zum Glück der Menschheit führen würde ... Diese Kämpfe, dieses Blutvergießen und diese Zwietracht müssen aufhören, alle Menschen müssen sein, also ob sie einem Geschlecht und einer Familie angehörten ... Es rühme sich kein Mensch dessen, dass er sein Land liebt, sondern eher dessen, dass er das ganze Menschengeschlecht liebt ... " (Bahá'u'lláh, Die Verkündigung Bahá'u'lláhs, Frontispiz)

Um eine Vorahnung zu bekommen, was *„der Menschheit Glieder zittern macht"* sind folgende Aussagen Bahá'u'lláhs bemerkenswert:

„Wer sich an die Gerechtigkeit hält, kann auf keinen Fall die Grenzen der Mäßigung überschreiten. Durch die Führung des Allsehenden erkennt er die Wahrheit in allen Dingen. Die von den gelehrten Größen der Kunst und der Wissenschaft so oft gepriesene Zivilisation wird, wenn man ihr gestattet, die Grenzen der Mäßigung zu überschreiten, großes Unheil über die Menschen bringen. So warnt euch der Allwissende. Ins Übermaß gesteigert, wird sich die Zivilisation als eine ebenso ergiebige Quelle des Übels erweisen, wie sie, in den Schranken der Mäßigung gehalten, eine Quelle des Guten war. Denkt darüber nach, o Menschen, und gehört nicht zu denen, die verwirrt durch die Öden des Irrtums streifen. Es naht der Tag, da ihre Flamme die Städte verschlingt, da die Zunge der Größe verkündet: »Das Reich ist Gottes, des Allmächtigen, des Allgepriesenen!«" (Bahá'u'lláh, Ährenlese, Nr. 163)

Einen möglichen Hinweis auf Atomwaffen und ihre Zerstörungskraft macht Bahá'u'lláh in den folgenden zwei Zitaten:

„»In allen Dingen ist Mäßigung wünschenswert. Wird etwas übertrieben, so erweist es sich als Quell des Unheils. Seht auf die Zivilisation des Westens, wie sie die Völker der Welt aufwühlt und beunruhigt. Eine Höllenmaschine wurde ausgeheckt und erweist sich als Waffe der Zerstörung, so grausam, wie man es nie zuvor gesehen oder gehört hat. Reinigung von dieser tiefverwurzelten, alles überflutenden Verderbnis ist nur möglich, wenn sich die Völker der Welt im Verfolg eines gemeinsamen Zieles vereinen und einen allumfassenden Glauben annehmen. Neigt euer Ohr dem Ruf dieses Unterdrückten und haltet euch fest an den Geringeren Frieden!«"

„Seltsame, verblüffende Dinge gibt es in der Erde; aber sie sind dem Geist und Verständnis der Menschen verborgen. Diese Dinge sind imstande, die ganze Erdatmosphäre zu verwandeln, und eine Verseuchung mit ihnen wäre tödlich." (Bahá'u'lláh, Botschaften aus Akka 6:31 und 6:32)

Das Kapitel 18 in der Offenbarung des Johannes beschreibt mit dem Untergang der Hure von Babylon den Niedergang des Materialismus und der satanischen Verderbnis, die vor dem *„Geringeren Frieden"* die menschliche Welt durchdringt. Shoghi Effendi hat dieses Thema immer wieder angesprochen:

„1934 spricht er in einem allgemeinen Brief an die Bahá'í im Westen von «den Zeichen einer unmittelbar bevorstehenden Katastrophe, die stark an den Fall des Römischen Reiches im Westen erinnert und die das ganze Gebäude der Zivilisation zu verschlingen droht.» ... Gegen Ende seines Lebens verweilte Shoghi Effendi noch offener und häufiger bei diesem Thema, wobei er darauf hin wies, dass, obwohl Europa die Wiege einer «gottlosen», «einer hoch gepriesenen, jedoch beklagenswert mangelhaften Kultur» ist, nun die Vereinigten Staaten führend diese Kultur verkörpern und dass ihre Erscheinungsformen in diesem Lande gerade jetzt zu einem zügellosen Materialismus geführt haben, der nun eine Gefahr für die ganze Welt ist. In einem Brief an die Bahá'í der Vereinigten Staaten vom Jahre 1954, der Ausdrücke verwendet, die er nie zuvor benutzt hatte, ... Er betont in diesem Brief, dass das Land, dem die amerikanischen Bahá'í, «eine Krise durchmacht, die in geistiger, moralischer, sozialer und politischer Hinsicht äußerst ernst ist - so ernst, dass sie von einem

oberflächlichen Betrachter gefährlich leicht unterschätzt werden kann. ... Es ist derselbe krebsartige Materialismus, der ursprünglich in Europa geboren, dann auf dem amerikanischen Kontinent bis ins Übermaß gesteigert wurde, der die asiatischen Völker angesteckt, seine Unheil verkündenden Fühler nach den Grenzen Afrikas ausgestreckt hat und ihm nun mitten ins Herz dringt, der von Bahá'u'lláh in Seinen Schriften mit eindeutigen und leidenschaftlichen Worten angeprangert worden ist. Er verglich ihn mit einer verzehrenden Flamme und sah in ihm die Hauptursache für die Beschleunigung der schrecklichen Prüfungen und welterschütternden Krisen, die zwangsläufig das Niederbrennen von Städten, die Ausbreitung von Terror und die Bestürzung der Menschenherzen nach sich ziehen müssen.» (Rúhíyyih Rabbani, Die unschätzbare Perle. Leben und Werk Shoghi Effendis, S. 518-521, 1982)

Wenn ich meinen geistigen Meister danach frage, wann diese Zeit kommen wird, dann bestätigt er mir, dass ich den Untergang der Hure von Babylon als Mensch mit komplettem Körper nicht mehr erleben werde. Aber mit Kopf. Dieses Schicksal hat mir Bolon Yokte bereits gezeigt, als ich etwa neun Jahre alt war. Ein abgetrennter Kopf, der in der Luft schwebte, erschien vor meinem geistigen Auge, was bei mir damals eine Heidenangst auslöste.

Für den Untergang der Hure von Babylon empfing ich eine 5. Für den *„Geringeren Frieden"* eine 13 und für den *„Größten Frieden"* die Zahl 240. All diese Zahlen kommen in Jahresangaben vor, haben aber auch eine symbolische Bedeutung.

Für die Zahl 240 gibt es nur zwei Möglichkeiten 2240 oder 240x, wobei das x mir nicht bekannt ist. Ein späterer Zeitpunkt wie 3240 ist ausgeschlossen.

Die Zahl 2240 würde auf eine Stelle im Zohar hinweisen.

„Im Jahre 600 des sechsten Jahrtausends werden sich die Toren der Weisheit der Höhe und die Brunnen der niederen Weisheit öffnen. Dies wird die Welt auf das siebte Jahrtausend vorbereiten, genau gleich wie man sich vor Sonnenuntergang am Freitag auf den Sabbat vorbereitet." (Zohar Vaera 3.32.445)

Das siebte jüdische Millennium beginnt mit dem Jahr 2240 nach Christus und würde das Jahrtausend der Ruhe und des Friedens markieren. Auch die Offenbarung des Johannes in Kapitel 20 beschreibt ein tausendjähriges Friedensreich. Außerdem kommen tausend Jahre auch an einer Stelle in den Bahá'í -Schriften vor, jedoch in einem anderen Zusammenhang.

„Wer vor Ablauf eines vollen Jahrtausends den Anspruch auf eine unmittelbare Gottesoffenbarung erhebt, ist gewiss ein Lügner und Betrüger. (Bahá'u'lláh, Kitáb-i-Aqdas, Kapitel 37)

Nach dem Kitáb-i-Aqdas (Kapitel 37) wird ein Zeitraum von mindestens tausend Jahre zwischen der ersten göttlichen Eingebung von Bahá'u'lláh und der nächsten Gottesoffenbarung der folgenden Manifestation angegeben. Frühstens 2852 nach Christus kann mit der nächsten Manifestation Gottes gerechnet werden.

Bahá'u'lláh erwähnt im Kitáb-i-Aqdas, das *„Heiligste Buch"*, dass sich ein König aus dem heutigen Iran erheben werde, der sich stark für den Bahá'í-Glauben einsetzen wird. Dieser König wird einen großen Beitrag für den Weg zum *„Größten Frieden"* leisten.

„Lass dich durch nichts betrüben, o Land von Tá (Teheran), denn Gott hat dich auserkoren zum Quell der Freude für die ganze Menschheit. Er wird, so es Sein Wille ist, deinen Thron segnen mit einem, der mit Gerechtigkeit regieren und die Herde Gottes sammeln wird, die von den Wölfen zerstreut ward. Ein solcher Herrscher wird mit Freude und Frohsinn sein Antlitz dem Volke Bahás zuwenden und ihm seine Gunst erweisen. Er gilt wahrlich in den Augen Gottes als Kleinod unter den Menschen. Auf ihm ruhe für immer die Herrlichkeit Gottes und die Herrlichkeit aller, die im Reiche Seiner Offenbarung wohnen." (Bahá'u'lláh, Kitab-i-Aqdas, Kap. 91)

„Binnen kurzem wird Gott unter den Königen einen erheben, der Seinen Geliebten helfen wird. Wahrlich, Er umfasst alle Dinge. Er wird den Herzen die Liebe zu Seinen Geliebten einflößen. Wahrlich, dies ist unwiderruflich beschlossen durch den Einen, den Allmächtigen, den Wohltätigen." (Bahá'u'lláh, Lawh-i-Ra'ís)

Im Ridvánu'l-'Adl wird in der Mehrzahl von Königen gesprochen, die sich nach den positiven Eigenschaften von Gott richten werden. Sie werden als Vorbilder für gerechte Herrscher gelten.

„Binnen kurzem wird Gott Könige auf Erden erscheinen lassen, welche sich auf das Lager der Gerechtigkeit stützen und unter den Menschen herrschen werden, ebenso wie sie sich selbst beherrschen. Wahrlich, in der gesamten Schöpfung gehören sie zu den Auserwähltesten Meiner Geschöpfe." (Bahá'u'lláh, Ridvánu'l-'Adl)

Durch diese Aussagen von Bahá'u'lláh liegt der Schluss nahe, dass zumindest einige der heutigen demokratischen Systeme versagt haben, und neue konstitutionelle Monarchieformen entstehen werden. Die Zeitangabe *„binnen kurzem"* muss man relativieren, denn ein Menschenleben oder wenige Jahrhunderte sind aus der Warte der rein geistigen Welt wie im Flug vorüber. Mein geistiger Meister bemerkt häufig, dass sich solche Zeitangaben im übertragenen Sinn mit dem Liedschlag eines Menschen vergleichen lassen. Im Nu ist die Zeit vorüber. Mächtige jenseitige Wesen wie zum Beispiel Erzengel sehen die Entwicklung der Menschheit weit in die Zukunft voraus. Ein einziges Menschenleben von Geburt bis Tod überschauen sie in ihren Gedanken meist in wenigen Augenblicken.

Auch in den Schriften der zoroastrischen Religion wird ein Heilsbringer erwartet, der die Welt transformieren wird und ein goldenes Zeitalter des Friedens einläuten wird.

„Von Seiner Sendung heißt es in den heiligen Büchern der Anhänger Zarathustras, dass in ihr die Sonne einen ganzen Monat lang stillstehen werde. Ihn muss Zarathustra gemeint haben, wenn Er, wie es in einer Tradition heißt, vorhersagte, dass eine Periode von dreitausend Jahren des Streites und Kampfes vergehen muss vor der Ankunft des Welterlösers Shah-Bahram, der über Ahriman triumphieren und ein Zeitalter des Segens und des Friedens bringen werde." (Shoghi Effendi, Gott geht vorüber 6:14)

Aus den zoroastrischen Schriften und Überlieferungen wird ein Heilsbringer *„Saoshyant"* oder *„Shah Bahram"* genannt, der drei tausend Jahre nach der Wirkzeit von Zarathustra erscheinen wird und über die bösen Mächte, namentlich Ahriman und seine Verbündeten, obsiegen und den größten Frieden oder auch *„Frashokereti"* einläuten wird. Die Lebenszeit von Zarathustra wird um das 10.-12. Jh. v. Chr. vermutet. Die drei tausend Jahre weisen direkt auf das Erscheinen Bahá'u'lláhs hin. Der Zeitpunkt des Übergangs zur weltumspannenden Friedenszeit muss aber offenkundig einige Jahrhunderte später stattfinden.

Nachfolgend stelle ich euch den Kerninhalt der Nahtoderfahrung von Lou Famoso vor. Er war Vietnamveteran und wurde von der Navy 1964 entlassen. Kurz zuvor 1963 war er in den USA und wollte mit seinem neuen Mustang zu einer Party fahren. Unterwegs passierte ein Unglück, das zu dieser Nahtoderfahrung führte. Ich habe den Hauptteil aus dem Englischen ins Deutsche übersetzt und in Klammern einige eigene Anmerkungen eingefügt.

„Sofort erkannte ich eine glänzende, glühende Kugel aus Gold, die mir entgegenkam. Sie wuchs grösser je näher sie mir kam und als sie über mir und vor mir die Größe eines Wasserballs annahm, strahlte sie glanzvoll und verwandelte sich in ein unbeschreibliches Wesen aus reinem Licht vor mir schwebend. Sie war grösser als die größte Person, die ich jemals gesehen habe, breiter als zwei von mir, aber so gleichmäßig proportional und von prachtvoller Statur. Seine Züge wurden umrissen, als wären sie mit einer feinen Tintenfeder gemacht worden. Haare, Gesicht und Gewand alles golden und fließend. Das war personifizierte Energie und seine Form nahm festere Gestalt an und alles, was hinter ihm war auch. Es war, als ob die ganze weiße Leinwand, die ich noch am Ende des Tunnels sah, zu Leben erweckt wurde und ich war Teil davon. Weitere Figuren erschienen vor und hinter diesem Wesen und mir. Bald gab es überall Bewegung, oben und unten, auf allen Seiten, mehr Wesen, jede von unterschiedlicher Helligkeit, Größe und Farbton. Strukturen und Landschaften in kristallinen Zustand erschienen, die von geringeren Lichtwesen bewohnt wurden. Einige hatten Flügel, die meisten aber nicht. Einige hatten vollständig Gestalt angenommen, andere aber nicht. Und wieder einige erschienen nur als leuchtende Kugel aus Licht und Farbe, lebhaft wie Blasen in einem Glass voll kohlensäurehaltiges Wasser.

Ich konnte es nicht länger aushalten, alle Gefühle, die ich jemals gekannt hatte, quollen um das Zehnfache hervor. Gerade als ich anfangen wollte zu sprechen, um eine Frage zu stellen, da sprach das Wesen zu mir. Seine Stimme war wie ein Chor aus Stimmen, weder männlich noch weiblich, nicht laut, nicht leise, nicht tief, aber perfekt und allumfangend. Als ich die zwei gigantischen, prachtvollen Wesen gekleidet in glanzvollen Umhängen anschaute, die danebenstanden, da sprach Es: "Das sind Michael und Gabriel. Michael hat dich ausgewählt und Gabriel soll dir die Wege zeigen." Ich schaute an ihnen vorbei und sah ein anderes großes Wesen, so schön aber im Gegensatz dunkler, wie auch der ausbreitende Umhang, den es trug. Dieses Wesen hatte Augen, die sich erfreuten, aber dessen starrer Blick durchbohrend war. Das Lichtwesen sagte: "Das ist derjenige, der ausgestoßen wurde. Du, dem ich die Wahl gab, kannst auswählen." Ich dachte, da ich eine Wahl hatte, und Michael mich bereits gewählt hatte, dann wähle ich Ihn. Er erschien so stark und mächtig, so wie die anderen, aber in seinen Augen schien ein Feuer zu sein, das mich anzog und fesselte. Gabriels Augen waren weicher und hatten mehr eine verstehende Art und ich dachte: "Oh, wie überaus schön sind diese Wesen". Ich schaute dann das Wesen vor mir an und seine Augen waren voll Liebe, Wärme, befehlsgewaltig und unwiderstehlich. Er schien meine Wahl akzeptiert zu haben und sagte dann: "Du wirst mein Soldat und wirst eine Weile mit Michael gehen. Gabriel wird zeitweise zu dir kommen. Ich werde andere zu dir senden und deine Frucht soll nicht weit vom Baume fallen zur Zeit der Zusammenkunft."

Ich sah fünf Lichtkugeln. Sie schienen zu spielen und um mich sowie dem Wesen herumzuwirbeln. Sie waren aus der abgelegenen Landschaft aufgetaucht und ich bemerkte, dass sie alle die gleiche Größe und Form hatten, aber unterschiedliche Farbtöne, die so subtil wie die Schattierungen von Rosenblättern waren, außer eine, die einen bläulichen Farbton hatte. Zwei der pinkfarbenen Kugeln schienen exakt gleich zu sein, die anderen zwei waren mehr in der Schattierung von Rot und Orange, und bevor ich fragen konnte, sprach das Wesen und sagte: "Sie, wie alle hier sind von dir, wie auch von mir, aber sie werden zu dir kommen und du wirst dich mehr um sie kümmern. Sie werden sich trennen, aber werden zusammenkommen zur Zeit der Zusammenkunft." Ich dachte das

Wesen, zeigte mir meine Kinder, aber ich war erst 21 Jahre alt und war nie verheiratet und hatte auch keine (Kinder-)Pläne. I verstand nicht, wie das alles von mir war und ich von Ihm, als eine prächtige Servierplatte aus Kristall erschien und in den Farben vieler Regenbögen schimmerte. Plötzlich zersprang sie in tausend Stücke, jedes Stück glänzend. Ganz langsam begannen sich nun alle Stücke wieder zusammenzufügen, um wieder die ursprüngliche Servierplatte zu bilden, und ich wusste nun, was dieses Lichtwesen mir zeigte, wir Stücke sind die Platte. Ich war nur einer von diesen Tausenden von Stücken, wie all die, die ich hier und auf der Erde sah. Mein Verstand versuchte jetzt immer noch über die Zusammenkunft nachzudenken. Als ich überlegte, was das bedeuten könnte, antwortete das Wesen: "Hier wirst du die Zeichen sehen, die die Zusammenkunft hervorbringen". Nun sah ich Bilder, die wie auf einem Bildschirm eines TV-Gerät erschienen. Als ich in den Bildschirm schaute, tauchten die Bilder auf und kamen in meinem Bewusstsein auf. Ich fühlte mich, als würde ich zurückgestoßen durch den Aufprall dieser Bilder in meinem Geist. Es waren nur flüchtige Eindrücke, aber sie waren so realistisch, als ob sie direkt vor mir im Jetzt passierten. Ich konnte mich nicht abwenden und dann schien es, als wäre ich ein Teil jeder dieser Visionen geworden. Es gab Szenen von Männern in Uniform, die andere Männer in Uniform töteten, ich erkannte einige der Insignien und einige stammten aus den USA. Es gab auch tausende Menschen, die weitere tausende Menschen töteten, die keine Uniformen trugen. Es war, als würde man Spielzeugfiguren betrachten, die sich von selbst bewegen, andere Figuren niedermähen, andere Länder, andere Nationen, andere Religionen, andere Waffen, andere Jahrzehnte, aber immer mit Hunderttausenden von Toten. Ich wollte da raus, ich konnte den Schmerz dieser Menschen spüren. Ich fragte das Wesen, warum das so sei und wie lange es so weitergehen solle, und das Wesen sagte: "Der Mensch wird auf den Menschen Jagd machen, bis der Mensch für den Menschen beten wird."

Bei der nächsten Vision ging es um Überschwemmungen, von denen viele zu verschiedenen Jahreszeiten auf verschiedenen Kontinenten über die Erde schwappten. Ich fühlte die Kraft und nahm den Geruch des Todes auf. Hunderte von Menschenleben und Hektar um Hektar Ernte gingen verloren, ebenso hunderte von Vieh und wilden Tieren, die in den Abgrund trieben. Dann sah ich Vulkane auf der ganzen

Welt ausbrechen, einer nach dem anderen. Geschmolzene Lava (und der Auswurf) begraben ganze Städte, Dörfer, Menschen und Tiere. Ich blickte auf die Ruinen und sah nur wenig, was übrigblieb. In der letzten Vision sah ich im Bildschirm Erdbeben, die Teile auf fast allen Kontinenten zerstörten. Einer war sehr stark in Amerika, die meisten anderen in Europa und im Orient. Wiederum starben tausende, Strukturen wurden zerstört, Landschaften eingeebnet, und wieder wandte ich mich dem Wesen zu und Er sagte: "Es wird nicht nur mehr von dem geben, was du gesehen hast, sondern es wird eine Zeit kommen, in der alles gleichzeitig geschehen wird und es wird zur selben Zeit kommen, wenn die größten Sünden der Menschen passieren." Ich hatte keine Zeit zu fragen, als Er sagte: "Sie werden sich von Mir abwenden und sich aufführen, als wären sie Götter." Nun winkt mir Michael zu mit ihm zu gehen und ich bin jetzt Teil des Universums. Novae, Sonnen, Planeten, all das beobachtete ich von der Erde aus. Vor nicht so langer Zeit, oder?

Wir reisten zum Anfang von allem, den inneren Teil des Universums. Unmengen an Planeten um Unmengen an Sonnen und je näher wir uns dem Zentrum näherten, desto konzentrierter war die Anzahl der Galaxien. Es ist wie bei der Scheibe, die du gesehen hast. Der größte Teil, nachdem sie zerbrochen war, war in der Mitte, und die Teile, die zuerst zerbrochen waren, wurden am weitesten von der Mitte entfernt. So ist alles im Universum. Alles ist nur ein Kreis innerhalb eines Kreises, was wiederum in einem Kreis eingepackt ist. Jede Ebene, jede Dimension ist nur eine Schicht des Ursprungs, die ohne Ende ist. Ich beobachtete, wie Millionen von Kugeln systematisch in die vielen Planeten eintraten. Sie schienen wie Bienen, die von Blume zu Blume huschen, um eine nach der anderen zu bestäuben. Michael nahm mich näher ans Geschehen heran und ich konnte nun sehen, dass viele dieser Planeten Leben enthielten, und die Kugeln verbanden sich mit den Lebewesen auf diesen Planeten. Nicht alle Geschöpfe auf den verschiedenen Planeten waren gleich, jedoch hatten alle einige Gemeinsamkeiten: ein Kopf, ein Körper, Extremitäten und beseelt. Wir entfernten uns vom Zentrum und Michael sagte, dass Gabriel mir noch mehr zu erklären habe, und dass er mit mir zufrieden war und dass ich meine Pflichten gut ausgeführt habe. Seine Abschiedsworte waren: "Du wirst dies niemals vergessen!"

Ich reiste zur Erde zurück und beobachtete wie Kometen und Asteroiden gelegentlich an mir vorbeizogen oder ich an ihnen. Auffallend waren die Farben der gasförmigen Wolkenformationen. Ich fing an diese jungen Galaxien wie Wolkenbildungen auf der Erde zu betrachten und stellte mir vor, was für eine Form sie annehmen werden. Hier ein Boot, dort ein Vogel mit Flügeln. Hier ein Schal, der im Wind wehte. Ich erkannte die Konstellation des Orion wieder und wusste, dass ich mich meinem Ziel näherte. Als ich mich durch das Sternbild Orion bewegte, bemerkte ich zwei lodernde Himmelskörper, die aus dem Zentrum des Orion wie Zwillingspfeile von einem Bogenschützen abgeschossen wurden und sich in Richtung der blauen Murmel, unser Heimatplanet, bewegten. Plötzlich eine Vision von Millionen Leute, die wegen der partiellen Zerstörung von New York weinten. Mir wurde ein eigentümliches Gefühl bewusst, das ich zuvor noch nicht kannte, und ich dachte mir, das könnte von der Tatsache kommen, dass ich in dieser Stadt groß geworden bin. Ich sah ein riesiges Erdbeben mit der Magnitude 8.6 an einem Ort namens Eureka. Ein Funkamateur oder ein Radiosprecher führten tausende Leute von Katastrophengebieten in sichere Häfen. Eine Weltraumstation schien wegen einer Explosion vom Himmel zu fallen. Raketen wurden gleichzeitig aus verschiedenen Nationen ins All geschossen. Ich dachte das Lichtwesen hat mir nun alles gezeigt, was es zu sehen gibt, aber die folgenden Bilder waren anders, stärker. Gabriel erschien neben mir und ich dachte, weil ich mich zittrig fühlte, aber der Grund war, um die Weitläufigkeit meiner Galaxis zu erklären.

Die Sonne dehnte sich aus und wirft riesige Plasmabälle (Fachbegriff: koronaler Massenauswurf) aus, mehr als sie je in der Vergangenheit getan hat, und in die Richtung der Planetenbahnen (Fachbegriff: Ekliptikebene). Ich konnte meine Augen nicht von der Erde lösen, als ich zuschaute, welche Auswirkung diese Eruptionen auf die Erde hatten. Eine große Masse kam an mir vorbei, grösser als jeder mir bekannte Planet. Und als sie vorbeiging, wackelte die Erde wild wie ein Kreisel am Ende seiner Drehung. Die Rotation stoppte und begann langsam wieder, aber sie war jetzt geneigt und ich wurde näher herangezogen wie der Zoom einer Linse. Die Aschewolken, die die Erde verschleiert hatten, wurden dünner, und wie ein geheftetes Stück Metall, das demontiert wurde, konnte ich sehen, wie die Ozeane sich anhoben, zuerst der Pazifik, entlang des Feuerrings, dann die anderen synchron. Als die Wassermassen sich über die Landmassen schoben, sanken Landmassen unter dem Druck. Als die Drücke der Drehung der sich ändernden Achse entsprachen, sah die Erde nicht mehr so aus wie kurz zuvor. Sie war neuer, sauberer und schöner mit dunkleren Grün- und helleren Blautönen. Einige der neuen Landmassen sahen einigen anderen Planeten ähnlich, die ich kürzlich mit Michael besucht hatte. Die Menschen auf dieser Erde schienen glücklicher und zufriedener, obwohl sie anscheinend wie die Ureinwohner der alten Zeit lebten. Großstädte, die von den Alten erbaut wurden und unter den Ozeanen begraben waren, wurden von den Überlebenden aus der neuen Welt bevölkert. Ich sah wie Stämme sich zusammenschlossen und wie kleine Nationen entstanden, aber was ich nicht sah, ließ mein Herz platzen. Es gab keine Kriege mehr, wahrer Frieden und wahres Glück waren endlich über die Menschheit hereingebrochen. Gabriel sagt mir jetzt, dass dies seine Botschaft ist, die ich mitnehmen muss, um die anderen wissen zu lassen, dass es wenig zu befürchten gibt, denn die Erde wird für immer bestehen, wie es alle Planeten taten, die ich besucht hatte. Ich soll der Welt sagen, dass sie auf Orion schauen soll, und sie werden wissen, wann die neue Welt über sie kommen wird. Ich frage ihn: "Was ist mit den anderen dort auf der Erde während der Veränderung?" Gabriel sagt mir, dass alle angehoben werden, einige werden höher angehoben werden als andere und sich nicht mehr an der physischen Ebene erfreuen, während einige auf der Erde zurückgelassen werden, um sie wieder aufzufüllen und aufzubauen. Auch sie werden auf einer höheren Ebene sein als die, die heute leben!

Ich war jetzt wieder vor dem Lichtwesen aus Gold und die fünf Kugeln schwirrten immer noch herum. Ich wollte bleiben und dieses Reich mit all den anderen Lichtwesen erkunden, aber mir wurde gesagt, dass ich das nicht könnte. Ich wurde hierhergebracht, um zurückzugehen und den anderen, die nach mir kommen würden alles zu erzählen. Sie werden wissen, dass ihr Schöpfer sie sehnsüchtig erwartet, wenn sie die Liebe, die sie in sich tragen, in der physischen Welt verbreiten. Das Wesen sagte mir, sollte ich jemals Fragen des Herzens oder des Verstandes haben, würde Er sie beantworten, wenn ich nur in mich selbst schaue, denn dort wird Er wohnen. Von diesem Zeitpunkt aus wirst du für immer die Wahrheit kennen. Mir wurde gesagt, dass noch viel Arbeit unerledigt sei und dass Er einen Weg aus Steinen vor mich gelegt habe, den ich freilegen müsse, um weiterzukommen. Viele werden vor mich gestellt, damit ich mit meiner Gegenwart helfen kann. Andere jedoch nicht, was ich nicht falsch beiseitelegen soll, denn eine Seele soll nicht verloren gehen in meinem Herzen. Ich fragte, wie ich dies wissen würde, und bevor ich eine Antwort erhielt, wurde ich wie eine Wollmaus im Vakuum durch diesen dunklen Tunnel mit absolut null Kontrolle zurückgesogen." (Übersetzter Auszug aus loufamoso.tripod.com)

Nicht alles in der Nahtoderfahrung von Herrn Famoso scheint wissenschaftlich Sinn zu ergeben. Zum Beispiel das Anhalten der Erdrotation kann durch den Vorbeiflug eines großen Objekts nicht verursacht werden. Vielleicht ist das einer falschen Wahrnehmung oder Erinnerung geschuldet. Das goldene Lichtwesen scheint stellvertretend die Rolle Gottes zu übernehmen, darf aber nicht als Gott gleichgesetzt werden. Meiner Meinung ist diese Nahtoderfahrung trotz einiger Ungereimtheiten echt. Der Kern ihrer Botschaft entspricht der Weltenwende, wie sie in verschiedenen heiligen Schriften beschrieben wird. Apropos intelligentes Leben mit physischem Körper auf fremden Planeten. Nach meinem Austausch mit Bolon Yokte beherbergt die Milchstraße unterschiedliche außerirdische Völker im dreistelligen Bereich.

Auch in den Schriften von Bahá'u'lláh werden Meteore in zwei Tafeln in ähnlicher oder gleicher Bedeutung erwähnt. Zuerst in der arabischen Version der Tafel vom Heiligen Seefahrer, offenbart im Jahre 1863.

„Sie begehrten den Aufstieg zu jenem Range, den der Herr als über ihre Stufen erhaben bestimmte. Darauf verstieß sie der flammende Meteor aus der Mitte derer, die im Reich Seiner Gegenwart weilen, und sie hörten die Stimme der Größe, die sich hinter dem nie geschauten Thronzelt auf der Herrlichkeit lichter Höhe erhob: «O wachende Engel! Bringt sie zurück zu ihrer Wohnstatt in der irdischen Welt, weil sie den Flug in Sphären nehmen wollten, zu denen die Schwingen der Himmelstaube niemals gelangten, wo das Schiff der Vorstellungskraft stille steht, der Verstand der Verstehenden nicht begreift.»"

Und dann später in der Feuertafel, offenbart 1871:

„Das Zischeln des Teufels umschmeichelt alle Menschen: Wo ist der Meteor Deines Feuers, Du Licht der Welten!"

Zum Abschluss dieses Kapitels ein weiteres Zitat von Bahá'u'lláh, das diejenigen Mut machen soll, die sich in den schwierigen Zeiten vor dem „Geringeren" oder „Größten Frieden" fest an die Sache Gottes halten.

„Wenn der Sieg naht, wird sich jeder als Gläubiger bekennen und unter den Schutz des Gottesglaubens eilen. Glücklich sind die, welche in den Tagen weltumfassender Prüfungen fest in der Sache Gottes stehen und sich weigern, von ihrer Wahrheit abzuweichen."

(Bahá'u'lláh, Ährenlese, Nr. 150)

Vorherbestimmung und freier Wille

Nachdem wir uns mit einigen Prophezeiungen auseinandergesetzt haben, drängt sich die Frage auf, ob es überhaupt noch einen freien Willen gibt oder ist alles vorherbestimmt. Für den Menschen gibt es beides, jedoch hält sich sein freier Wille in einem bestimmten Rahmen auf, der durch sein Potential und sein Umfeld gegeben ist. Zum Beispiel ist es nicht möglich, dass sich die gesamte Menschheit mit dem freien Willen durch Selbstmord auslöschen kann, da durch Gott gewisse Etappenziele für die Menschheit vorgegeben sind. Diese Ziele oder Ratschlüsse greifen in die Handlungsfindung eines jeden einzelnen Menschen ein. So ist zum Beispiel die Wiederkehr der Manifestationen Gottes mit ihrer Botschaft für die Menschheit eine unabänderliche Vorherbestimmung, hingegen die Auseinandersetzung des Menschen mit dieser neuen Botschaft, deren Schlüsse und daraus hervorgehende Handlungen unterliegen stark dem freien Willen.

Bahá'u'lláh spricht von zwei Ratschlüsse: unabänderlich und in der Schwebe.

„Wisse, o Frucht Meines Baumes, dass des Höchsten Verordners Ratschlüsse über Schicksal und Vorherbestimmung von zweierlei Art sind. Beide müssen befolgt und angenommen werden. Die eine Art ist unabänderlich, die andere, wie die Menschen sagen, in der Schwebe. Den Ratschlüssen der ersten Art müssen sich alle vorbehaltlos

unterwerfen, da sie festgesetzt und abgemacht sind. Gott kann sie zwar abändern und widerrufen. Weil der Schaden einer solchen Veränderung jedoch größer wäre, als wenn der Ratschluss unverändert bliebe, sollten sich alle willig in das fügen, was Gott gewollt hat, und sich vertrauensvoll damit abfinden. Ein Ratschluss in der Schwebe jedoch ist von solcher Art, dass Gebet und Fürbitten ihn abwenden können." (Bahá'u'lláh, Ährenlese, Nr. 68)

Weitere Prophezeiungen

Dieses Kapitel soll als Textsammlung von weiteren Prophezeiungen aus dem Bábí-Bahá'í-Schrifttum dienen. Die einzelnen Zitate wurden in drei Kategorien eingeteilt:

K1: Erfüllte Prophezeiungen bezüglich Stiftungen der Bábí-Bahá'í-Religion.

K2: Erfüllte Prophezeiungen im Verlauf der Bábí-Bahá'í-Geschichte.

K3: Noch nicht erfüllte Prophezeiungen.

Aus den Schriften des Báb

„Der Báb pries Ihn nicht minder eindringlich als den »Inbegriff des Seins«, die »Spur Gottes«, den »allmächtigen Meister«, das »karminrote, alles umfassende Licht«, den »Herrn des Sichtbaren und des Unsichtbaren«, »den einzigen Zweck aller früheren Offenbarungen, einschließlich der des Qá'im«. Er bezeichnete Ihn in aller Form als Den, »den Gott offenbaren wird«, sprach von Ihm als dem »Abhá-Horizont«, unter dem Er selbst lebte und wohnte, zählte besonders Seine Titel auf und pries in Seinem bestbekannten Werk, dem Persischen Bayán, Seine »Ordnung«, enthüllte Seinen Namen durch die Anspielung auf den »Sohn Alís, ein wahrer und unzweifelhafter Führer der Menschen«, legte wiederholt mündlich und schriftlich in einer Weise, die auch nicht den Schatten eines Zweifels zulässt, den Zeitpunkt Seiner Offenbarung fest und ermahnte Seine Anhänger, sich nicht durch» den Bayán und alles, was darin offenbart worden ist, von Ihm wie durch einen Schleier trennen« zu lassen. ... Schließlich prophezeite Er eindeutig: »Heute befindet sich der Bayán im Stadium der Aussaat; am Beginn der Manifestation Dessen, den Gott offenbaren wird, tritt seine höchste Vollkommenheit

in Erscheinung«. »Ehe neun verstrichen seit dem Beginn dieser Sache, werden die Wirklichkeiten der erschaffenen Dinge nicht kund. Alles, was du bis jetzt siehst, ist erst das Stadium des feuchten Keims, ehe Wir ihn mit Fleisch umhüllten. Hab Geduld, bis du eine neue Schöpfung schaust. Sprich: `Selig sei darum Gott, der Trefflichste Schöpfer!`« " (Shoghi Effendi, Gott geht vorüber, 6:21) (K1/K2)

„Ich bitte fürwahr, erlaube mir, Ihn, Den Gott offenbaren wird, anzusprechen mit diesen Worten: »Solltest Du am Tage der späteren Auferstehung, selbst als Säugling, die ganze Gemeinde des Bayán mit einem bloßen Zeichen Deines Fingers entlassen, gepriesen würdest Du fürwahr in diesem Wink. Und gibt es daran auch keinen Zweifel, so gewähre doch eine Frist von neunzehn Jahren zum Zeichen Deiner Gunst, auf dass von Dir gnädig belohnt werde, wer diese Sache angenommen hat. Du bist wahrlich der Herr überreicher Gnade. Du genügst fürwahr allem Erschaffenen und lässt es von allem unabhängig sein, während nichts in den Himmeln oder auf Erden oder dazwischen Dir je genügen kann.« " (Báb, Eine Auswahl aus Seinen Schriften 1:2:4) (K1/K2)

Aus den Schriften Bahá'u'lláhs

„Spalte den Kern des Atoms auf, so findest du eine Sonne darin." (Bahá'u'lláh, Die Sieben Täler / Die Vier Täler, S. 35, 3. Auflage 1971) (K2)

„O ihr Völker der Welt! Wisset wahrlich, dass unerwartetes Unheil euch verfolgt und schmerzliche Vergeltung eurer harrt. Wähnt nicht, vor Meinem Angesicht sei getilgt, was ihr begangen. Bei Meiner Schönheit! Alle eure Taten hat Meine Feder mit klaren Lettern auf Tafeln von Chrysolith gemeißelt." (Bahá'u'lláh, Verborgene Worte (persisch) Nr. 63) (K2/K3)

„O König von Berlin! ... Hab acht, dass Hochmut dich nicht hindere den Morgen göttlicher Offenbarung zu erkennen, dass irdische Wünsche dich nicht wie ein Schleier abhalten vom Herrn des Thrones in der Höhe und auf der Erde hienieden. Also rät dir die Feder des Höchsten. Er ist wahrlich der Gnädige, der Allgroßmütige. Rufe dir den ins Gedächtnis, dessen Macht die deine überragte (= Napoleon III.) und dessen Rang den deinen übertraf. Wo ist er, wohin

entschwunden, was er besaß? Sei gewarnt und gehöre nicht zu denen, die tief schlafen. Er war es, der den Sendbrief Gottes in den Wind schlug, als Wir ihm kundtaten, was die Scharen der Tyrannei Uns erleiden ließen. Darum überfiel ihn Schmach von allen Seiten und mit großem Verlust sank er hinab in den Staub der Erde. Denke tief über ihn nach, o König, und über solche, die gleich dir Städte eroberten und über Menschen herrschten. Aus ihren Palästen sandte sie der Allerbarmer hinab ins Grab. Sei gewarnt! Gehöre zu denen, die nachdenken." (Bahá'u'lláh, Kitáb-i-Aqdas Kap. 86) (K2)

„O Volk von Konstantinopel! ... O Ort, an den Küsten der beiden Meere gelegen! Wahrlich, der Thron der Tyrannei ist in dir errichtet und die Flamme des Hasses in deinem Busen so entfacht, dass die himmlischen Heerscharen und die, welche den Erhabenen Thron umkreisen, jammern und wehklagen. Wir sehen in dir die Narren über die Weisen herrschen, die Finsternis vor dem Lichte sich brüsten. Du bist fürwahr sichtlich mit Hochmut erfüllt. Ließ dich dein äußerer Glanz hoffärtig werden? Bei Ihm, dem Herrn der Menschheit! Bald wird er vergehen und deine Töchter und Witwen und alle Geschlechter, die in dir leben, werden wehklagen. Also unterrichtet dich der Allwissende, der Allweise." (Bahá'u'lláh, Kitáb-i-Aqdas Kap. 89) (K2)

„O Ufer des Rheins! Wir sehen euch mit Blut bedeckt, da die Schwerter der Vergeltung gegen euch gezückt wurden; und noch einmal wird es euch so ergehen. Und Wir hören das Wehklagen Berlins, obwohl es heute in sichtbarem Ruhme strahlt." (Bahá'u'lláh, Kitáb-i-Aqdas Kap. 90) (K2)

„Bittet den einen, wahren Gott, dass Er allen Menschen gnädig beistehe, das zu erfüllen, was in unseren Augen annehmbar ist. Bald wird die heutige Ordnung aufgerollt und eine neue an ihrer statt entfaltet werden. Wahrlich, dein Herr spricht die Wahrheit, und Er weiß um das Ungeschaute." (Bahá'u'lláh, Ährenlese Nr. 4:2) (K2/K3)

„ ... Alle wunderbaren Werke, die ihr in dieser Welt seht, sind durch das Wirken Seines höchsten, erhabensten Willens, Seines wunderbaren, unerschütterlichen Planes offenbart worden. Allein die Enthüllung des Wortes »Gestalter«, das von Seinen Lippen kommt und der Menschheit Seine Eigenschaft verkündet, hat eine Kraft

entfesselt, die durch Zeitalter hindurch alle die mannigfaltigen Künste hervorrufen kann, welche die Hand des Menschen auszuüben vermag. Dies ist wahrlich eine unumstößliche Wahrheit. Kaum war dieses strahlende Wort geäußert, da brachten seine belebenden, in allem Erschaffenen wirkenden Kräfte die Mittel und Werkzeuge hervor, durch die solche Künste entstehen und vervollkommnet werden können. Alle wunderbaren Errungenschaften, die ihr jetzt seht, sind die unmittelbaren Auswirkungen der Offenbarung dieses Namens. In künftigen Tagen werdet ihr wahrlich Dinge sehen, von denen ihr nie zuvor gehört habt. So ist es auf den Tafeln Gottes verordnet, aber niemand kann es verstehen bis auf jene, die durchdringende Sehkraft haben. Ebenso erhält in dem Augenblick, da das Wort für Mein Attribut »Der Allwissende« aus Meinem Munde hervorgeht, alles Erschaffene je nach seiner Fähigkeit und seinen Begrenzungen die Kraft, die Kenntnis der erstaunlichsten Wissenschaften zu entfalten, und die Macht, sie im Laufe der Zeit auf Geheiß des Allmächtigen, des Allwissenden, zu offenbaren. Wisse fürwahr, dass die Offenbarung jedes anderen Namens von einer ähnlichen Entfaltung göttlicher Macht begleitet ist. Jeder Buchstabe, der aus dem Munde Gottes hervorgeht, ist in Wahrheit ein Urbuchstabe, jedes von Ihm, dem Urquell göttlicher Offenbarung, geäußerte Wort ist ein Urwort und Seine Tafel eine Urtafel. Wohl steht es um jene, die diese Wahrheit begreifen." (Bahá'u'lláh, Ährenlese Nr. 74) (K2/K3)

„Bedenke die Zweifel, die jene, die Gott Gefährten zugesellen, den Menschen dieses Landes ins Herz träufeln. »Wird es je möglich sein«, so fragen sie, »Kupfer in Gold zu verwandeln?« Sprich: Ja, bei meinem Herrn, es ist möglich. Das Geheimnis liegt jedoch in Unserem Wissen verborgen. Wir werden es enthüllen, wem Wir wollen. Wer immer Unsere Macht bezweifelt, bitte den Herrn, seinen Gott, dass Er ihm das Geheimnis erschließe und ihn von seiner Wahrheit überzeuge. Dass Kupfer in Gold verwandelt werden kann, ist in sich ein genügender Beweis dafür, dass ebenso Gold in Kupfer verwandelt werden kann - wenn sie doch diese Wahrheit begreifen könnten! Jedes Mineral kann dazu gebracht werden, Dichte, Bau und Masse eines anderen Minerals anzunehmen. Das Wissen darüber ist bei Uns im Verborgenen Buche." (Bahá'u'lláh, Ährenlese Nr. 97:1) (K2/K3)

"Bald werden euch die Stürme Seiner Züchtigung schlagen, und der Staub der Hölle wird euch einhüllen. Die Menschen, die der Erde Tand und Zierrat angehäuft und sich verächtlich von Gott abgewandt haben, sie haben beides verloren, diese Welt und die kommende. Bald wird Gott ihnen durch die Hand der Macht ihre Besitztümer nehmen und das Gewand Seiner Gaben entziehen. Dies werden sie bald selbst erleben. Auch du wirst es bezeugen." (Bahá'u'lláh, Ährenlese Nr. 103:5) (K2/K3)

"Wir haben euch eine Frist gesetzt, o Völker! Wenn ihr versäumt, euch bis zur festgesetzten Stunde Gott zuzuwenden, wird Er wahrlich gewaltig Hand an euch legen und schwere Leiden von allen Seiten über euch kommen lassen. Wie streng ist fürwahr die Züchtigung, mit der euer Herr euch dann züchtigen wird!" (Bahá'u'lláh, Ährenlese Nr. 108) (K2/K3)

"Das Erhabenste Wesen spricht: O ihr Menschenkinder! Der Hauptzweck, der den Glauben Gottes und Seine Religion beseelt, ist das Wohl des Menschengeschlechts zu sichern, seine Einheit zu fördern und den Geist der Liebe und Verbundenheit unter den Menschen zu pflegen. Lasst sie nicht zur Quelle der Uneinigkeit und der Zwietracht, des Hasses und der Feindschaft werden. Dies ist der gerade Pfad, die feste, unverrückbare Grundlage. Was immer auf dieser Grundlage errichtet ist, dessen Stärke können Wandel und Wechsel der Welt nie beeinträchtigen, noch wird der Ablauf zahlloser Jahrhunderte seinen Bau untergraben. ..." (Bahá'u'lláh, Ährenlese Nr. 110) (K3)

"... Der Tag naht, da alle Völker der Welt eine universale Sprache und eine einheitliche Schrift annehmen werden. Wenn dies erreicht ist, wird es für jeden Menschen, in welche Stadt er auch reisen mag, sein, als betrete er sein eigenes Heim. All dies ist verbindlich und durchaus wesentlich. Es ist die Pflicht eines jeden Menschen mit Einsicht und Verständnis, danach zu streben, das hier Niedergeschriebene in die Wirklichkeit und die Tat umzusetzen." (Bahá'u'lláh, Ährenlese Nr. 117) (K3)

"... Mein Ziel ist kein anderes als die Besserung der Welt und die Ruhe ihrer Völker. Die Wohlfahrt der Menschheit, ihr Friede und ihre Sicherheit sind unerreichbar, wenn und ehe nicht ihre Einheit fest

begründet ist. Diese Einheit kann so lange nicht erreicht werden, als die Ratschläge, die die Feder des Höchsten offenbart hat, unbeachtet übergangen werden." (Bahá'u'lláh, Ährenlese Nr. 131:2) (K3)

"Wer vor Ablauf eines vollen Jahrtausends den Anspruch auf eine unmittelbare Gottesoffenbarung erhebt, ist gewiss ein Lügner und Betrüger. Wir beten zu Gott, dass Er ihm gnädig beistehe, einen solchen Anspruch zu widerrufen. So er bereut, wird Gott ihm zweifellos vergeben. Verharrt er jedoch in seinem Irrtum, so wird Gott sicherlich einen herabsenden, der erbarmungslos mit ihm verfährt. Gott ist fürwahr schrecklich, wenn Er straft. Wer immer diesen Vers anders deutet als nach seinem klaren Sinn, ist des Geistes Gottes und Seiner Barmherzigkeit, die alles Erschaffene umfasst, beraubt. Fürchtet Gott und folgt nicht euren eitlen Einbildungen. Nein, folgt vielmehr dem Gebot eures Herrn, des Allmächtigen, des Allweisen." (Bahá'u'lláh, Ährenlese Nr. 165) (K3)

"Seltsame, verblüffende Dinge gibt es in der Erde; aber sie sind dem Geist und Verständnis der Menschen verborgen. Diese Dinge sind imstande, die ganze Erdatmosphäre zu verwandeln und eine Versuchung mit ihnen wäre tödlich. Großer Gott! Wir haben etwas Wunderbares gesehen. Der Blitz oder eine ähnliche Kraft wird von einem Menschen, der eine Maschine bedient, gesteuert und bewegt sich nach seinem Befehl. Unermesslich erhaben ist der Herr der Macht, der offenlegt, was Er durch die Kraft Seines gewichtigen, Seines unüberwindlichen Geheißes beabsichtigt." (Bahá'u'lláh, Botschaften aus 'Akká 6:32) (K2/K3)

" ... Ach, die Winde der Verzweiflung wehen aus jeder Richtung, und der Hader, der das Menschengeschlecht spaltet und peinigt, nimmt täglich zu. Die Zeichen drohender Erschütterungen und des Chaos sind jetzt deutlich zu sehen, zumal die bestehende Ordnung erbärmlich mangelhaft erscheint. Ich flehe zu Gott, gepriesen sei Seine Herrlichkeit, Er möge die Völker der Erde gnädig erwecken, möge ihnen gewähren, dass das Ergebnis ihres Verhaltens nutzbringend für sie sei, und ihnen helfen das zu vollbringen, was ihrer Stufe würdig ist." (Bahá'u'lláh, Botschaften aus 'Akká 11:27) (K2/K3)

"Aber trotz all dem wird es dahin kommen; diese fruchtlosen Kämpfe, diese zerstörenden Kriege werden aufhören und der 'Größte Friede' wird kommen ... Habt ihr dies in Europa nicht auch nötig? Ist dies nicht das, was Christus verhieß?" (Bahá'u'lláh, Esslemont, S.57 (1980 zu Prof. Edward Browne)) (K3)

Aus den Schriften Abdu'l-Bahás
„10: DURCH BEISPIELE AUS DEM BUCHE DANIEL BELEGTE BEWEISE AUS ÜBERLIEFERUNGEN

... Alle Völker der Welt erwarten zwei Offenbarungen, die gleichzeitig erscheinen sollen. Alle erwarten die Erfüllung dieser Verheißung. Das Alte Testament verkündete den Juden die Wiederkunft des Herrn der Heerscharen und des Messias, im Neuen Testament wurde die Rückkehr Christi und Elias verheißen. Im Islám ist es die Erwartung des Mihdí und des Messias, und ebenso verhält es sich bei den Zoroastriern und anderen Religionen - wollten wir alle Einzelheiten anführen, so würde dies sehr lange dauern. Das Wesentliche ist, dass allen zwei Offenbarungen verheißen wurden, die unmittelbar aufeinander folgen sollen. Es wurde verkündet, dass durch diese beiden Offenbarungen die Welt zu einer anderen gewandelt, das Reich des Daseins erneuert und der Schöpfung ein neues Kleid geschenkt werde. Gerechtigkeit und Wahrhaftigkeit würden die Welt erfüllen, Feindschaft und Hass würden aufhören, und alles, was unter den Völkern, Rassen und Nationen Trennung verursache, werde verschwinden, aber was zu Einheit, Harmonie und Einigkeit führe, werde erscheinen. Die Nachlässigen würden erwachen und die Blinden sehen, die Tauben würden hören und die Stummen sprechen, die Kranken würden geheilt und die Toten lebendig werden. Krieg werde in Frieden und Feindschaft in Liebe verwandelt werden; die Ursachen des Zankes und der Streiterei würden vergehen, und die Menschheit werde wirkliches Glück gewinnen. Das irdische Reich werde zum Spiegel des Himmelreichs, die Menschheit zum Thron der Gottheit werden. Alle Völker würden zu einem Volk und alle Religionen zu einer Religion werden; das ganze Menschengeschlecht werde wie eine Familie sein und zu einem Stamm werden. Alle Gebiete der Erde würden wie ein Land sein; die Vorurteile nationaler, vaterländischer, persönlicher, sprachlicher und politischer Art würden vergehen, und unter dem Schutz des Herrn der Heerscharen

würden alle ewiges Leben erlangen. Wir müssen nun nach den Heiligen Büchern beweisen, dass diese beiden Offenbarungen gekommen sind, und wir müssen den Sinn der Prophetenworte richtig deuten; denn wir wollen Beweise haben, die aus den Heiligen Büchern abgeleitet sind. Vor einigen Tagen erbrachten wir bei Tisch logische Beweise, die die Wirklichkeit dieser beiden Offenbarungen außer Frage stellten. ... Wie das Kommen Christi festgelegt ist durch Daniels Prophezeiungen, so sind es auch die Offenbarungen Bahá'u'lláhs und des Báb. Zuvor hatten wir nur logische Beweise angeführt, jetzt werden wir Beweise nach Überlieferungen aufstellen. Im 13. Verse des 8. Kapitels im Buche Daniel heißt es: »Ich hörte aber einen Heiligen reden; und ein Heiliger sprach zu dem, der da redete: Wie lange soll doch währen solch Gesicht vom täglichen Opfer und von der Sünde, um welcher Willen diese Verwüstung geschieht, dass beide, das Heiligtum und das Heer, zertreten werden? (V. 14:) Und er antwortete mir: Bis 2300 Abende und Morgen um sind; dann wird das Heiligtum wieder geweiht werden. (V. 17:) Er aber sprach zu mir: ... dies Gesicht gehört in die Zeit des Endes.« Also wie lange soll diese Heimsuchung, dieser Verfall, diese Erniedrigung und Demütigung dauern? Das heißt, wann wird der Morgen der Offenbarung anbrechen? Darauf sprach er: »2300 Tage; dann wird das Heiligtum wieder geweiht werden.« Kurz, der Sinn dieser Stelle ist, dass er 2300 Jahre anberaumt, denn im Wortlaut der Bibel ist jeder Tag ein Jahr. Folglich sind vom Zeitpunkt des Ediktes durch Artaxerxes, der den zweiten Aufbau Jerusalems befahl, bis zum Tage der Geburt Christi 456 Jahre und von der Geburt Christi bis zum Tage der Offenbarung des Báb 1844 Jahre verstrichen. Wenn man zu dieser Zahl 456 Jahre zählt, ergeben sich 2300 Jahre. Das heißt, das Jahr 1844 n. Chr., brachte die Erfüllung der Vision Daniels, und dies ist das Jahr der Offenbarung des Báb. Sieh nun, wie klar Daniel das Jahr der Offenbarung ansetzt; klarer als hier kann eine Offenbarung nicht vorausgesagt werden.

Christus Selbst erklärt im 24. Kapitel, Vers 3, des Matthäusevangeliums, dass die Prophezeiung Daniels sich auf die Wiederkunft bezieht. Die Stelle lautet: »Und als er auf dem Ölberge saß, traten zu ihm seine Jünger besonders und sprachen: Sage uns, wann wird das geschehen? Und welches wird das Zeichen sein deiner Zukunft und des Endes der Welt?« Eine der Antworten Christi heißt

(V. 15): »Wenn ihr nun sehen werdet den Gräuel der Verwüstung, davon gesagt ist durch den Propheten Daniel, dass er steht an der heiligen Stätte (wer das liest, der merke darauf).« Damit verwies Er sie auf das 8. Kapitel Daniel, mit dem Hinweis, dass jeder, der es liest, verstehen wird, dass es diese fragliche Zeit ist. Sieh nun, wie klar die Offenbarung des Báb im Alten und Neuen Testament angekündigt ist. Zum Schluss wollen wir den Zeitpunkt der Offenbarung Bahá'u'lláhs aus der Bibel erklären. Bahá'u'lláhs Datum ist nach Mondjahren[1] berechnet, beginnend mit der Berufung[2] und der Flucht[3] Muhammads; denn in der Religion Muhammads sind Mondjahre gebräuchlich, die auch allen kultischen Vorschriften zugrunde gelegt sind.

[1] *Ein Mondjahr sind 354 Tage* [2] *609 n. Chr.* [3] *622 n. Chr. (Hedschra)*

Im 12. Kapitel, Vers 6, des Buches Daniel steht geschrieben: »Und er sprach zu dem in leinenen Kleidern, der über den Wassern des Flusses stand: Wann will's denn ein Ende sein mit solchen Wundern? Und ich hörte zu dem in leinenen Kleidern, der über den Wassern des Flusses stand; und er hob seine rechte und linke Hand gen Himmel und schwur bei dem, der ewiglich lebt, dass es eine Zeit und zwei Zeiten und eine halbe Zeit währen soll; und wenn die Zerstreuung des heiligen Volkes ein Ende hat, soll solches alles geschehen.« Ich habe die Bedeutung eines Tages in der Bibel bereits erklärt und brauche nicht darauf zurückzukommen. Es sei aber kurz erwähnt, dass jeder Tag des Vaters (d.h. »eine Zeit«) ein Jahr bedeutet, und jedes Jahr hat 12 Monate. So ergeben 3 1/2 Jahre (d.h. »eine Zeit und zwei Zeiten und eine halbe Zeit«) 42 Monate mit 1260 Tagen. Im Jahre 1260[1] nach der Hijra aber hat sich, nach mohammedanischer Zeitrechnung, der Báb, Bahá'u'lláhs Herold, geoffenbart.

[1] *1260 Mondjahre sind 1222 Jahre christlicher Zeitrechnung. Also 1222 plus 622 (Hedschra) ergibt 1844 n. Chr.*

Danach, im 11. Vers heißt es bei Daniel: »Und von der Zeit an, wenn das tägliche Opfer abgetan und ein Gräuel der Verwüstung aufgerichtet wird, sind 1290 Tage. Wohl dem, der da wartet und erreicht 1335 Tage!« Der Beginn dieses Zeitabschnittes, nach Mondjahren[1] gerechnet, ist der Tag, an dem Muhammad Seine Sendung im Lande Hijáz erklärte. Dies war drei Jahre nach Seiner Berufung, denn zu Beginn war Seine Prophetenschaft geheim gehalten worden, und nur Khadíjih und Ibn-i-Naufal² wussten darum. Nach drei Jahren wurde sie allgemein bekannt gegeben. Bahá'u'lláh hat Seine Offenbarung im Jahre 1290³ öffentlich erklärt, also 1290 Mondjahre nach Muhammads öffentlicher Erklärung.

¹ *1290 Mondjahre sind 1251 Jahre christlicher Zeitrechnung. Also 1251 plus 612 (Erklärung Muhammads) ergibt 1863 n. Chr.*

² *Waraqat-Ibn-i-Naufal, Vetter der Khadíjih und ein vertrauter Muhammads.*

³ *Das Jahr 1290 von der Erklärung der Sendung Muhammads an entspricht dem Jahre 1280 der Hedschra, oder 1863 christlicher Zeitrechnung. Es war in diesem Jahr (April), kurz ehe Er Sich von Baghdád nach Konstantinopel auf den Weg machte, dass Bahá'u'lláh Sich Seiner nächsten Umgebung als die vom Báb angekündigte Offenbarung erklärte. Diese Erklärung feiern die Bahá'í mit dem Ridván-Fest. Ridván ist der Name des am Anfang der Stadt liegenden Gartens, in dem Sich Bahá'u'lláh 12 Tage aufhielt und Seine Erklärung machte."* (Abdu'l-Bahá, Beantwortete Fragen Kap. 10) (K1/K2/K3)

„11: ERLÄUTERUNGEN ZUM 11. KAPITEL DER OFFENBARUNG DES JOHANNES

Am Anfang des 11. Kapitels der Offenbarung des Johannes heißt es:

»Und es ward mir ein Rohr gegeben, einem Stecken gleich, und er sprach: Stehe auf und miss den Tempel Gottes und den Altar und die darin anbeten.« »Aber den Vorhof außerhalb des Tempels wirf hinaus und miss ihn nicht; denn er ist den Heiden¹ gegeben, und die heilige Stadt werden sie zertreten zweiundvierzig Monate.«

¹ *Im griechischen Text: »Völkern«.*

Dieses Rohr ist ein vollkommener Mensch, der mit einem Rohr verglichen wird, und die Bedeutung dieses Vergleichs ist die: Wenn das Innere des Rohres hohl und frei gemacht wird, können wunderbare Melodien auf ihm gespielt werden; und wie Ton und Melodie nicht von ihm selber kommen, sondern vom Flötenspieler, der darauf bläst, so ist das geheiligte Herz jenes gesegneten Menschen losgelöst von allem außer Gott, rein und frei von jeder menschlichen Bindung, und ist der Gefährte des göttlichen Geistes. Jede seiner Äußerungen kommt nicht von ihm selbst, sondern von dem wirklichen Flötenspieler und ist göttliche Eingebung. Darum wird er mit dem Rohr verglichen, und dieses Rohr ist wie ein Stab eine Hilfe für die Schwachen und eine Stütze für die menschlichen Geschöpfe. Es ist der Stab des göttlichen Hirten, mit dem Er Seine Herde hütet und zu den Weideplätzen im Königreiche leitet.

... »Und die heilige Stadt werden sie zertreten zweiundvierzig Monate.« Das heißt, die Fremden werden Jerusalem 42 Monate lang, also 1260 Tage, beherrschen und leiten. Da jeder Tag ein Jahr bedeutet, ergeben sich nach dieser Rechnung 1260 Jahre, was der Dauer des Zeitalters des Islám entspricht. Denn nach dem Text der Heiligen Schrift ist jeder Tag ein Jahr, wie wir im 4. Kapitel, Vers 6, des Buches Hesekiel lesen: »Du sollst tragen die Missetat des Hauses Juda vierzig Tage lang; denn ich gebe dir hier auch je einen Tag für ein Jahr.«

Die Berechnung dieser Prophezeiungen beginnt mit der Offenbarung des Islám, als Jerusalem zertreten wurde, das heißt, dass es entehrt wurde. Das Allerheiligste aber blieb erhalten, beschützt und geehrt. Diese Ereignisse dauerten bis 1260. Diese 1260 Jahre sind eine Prophezeiung für die Offenbarung des Báb, des Tores[1] für Bahá'u'lláh, Der im Jahre 1260 nach der Auswanderung Muhammads erschien. Da die Zeit von 1260 Jahren damit beendet wurde, beginnt Jerusalem, die Heilige Stadt, wiederum aufzublühen, bevölkert und glücklich zu werden. Jeder, der Jerusalem vor 60 Jahren sah und es heute[2] wieder sieht, wird bemerken, wie es gedeiht, wie volkreich es geworden ist und seine Ehre wieder gefunden hat.

[1] *d.h. Vorläufers.*

[2] *im Jahre 1904*

...Kurz, was mit dem Ausdruck »das Allerheiligste« gemeint ist, ist jenes geistige Gesetz, das niemals verändert, abgewandelt oder aufgehoben wird, und die »Heilige Stadt« bedeutet das materielle Gesetz, das abgeschafft werden kann. Und dieses materielle Gesetz, das als die Heilige Stadt bezeichnet wird, sollte 1260 Jahre lang mit Füßen getreten werden.

»Und ich will meinen zwei Zeugen geben, dass sie sollen weissagen tausend zweihundertundsechzig Tage, angetan mit Säcken.« Diese

zwei Zeugen sind Muhammad, der Bote Gottes, und Alí, der Sohn
Abú- Tálibs[1].

[1] Alí war der Schwiegersohn und Nachfolger Muhammads.

... Die Aufgabe eines Zeugen ist, die Tatsachen durch seine Aussage
zu belegen. Die Gesetze dieser beiden Zeugen hatten während 1260
Tagen, von denen jeder ein Jahr bedeutet, Gültigkeit.

[1] Der zitierte arabische Koran-Text wird hier von 'Abdu'l-Bahá in freier
persischer Übersetzung wiederholt.

... »Und es werden etliche von den Völkern und Geschlechtern und
Sprachen ihre Leichname sehen drei Tage und einen halben und
werden ihre Leichname nicht lassen in Gräber legen.«

*Wie früher bereits erklärt wurde, bedeuten nach der Ausdrucksweise
der Heiligen Bücher drei und ein halber Tag drei und ein halbes Jahr,
drei und ein halbes Jahr aber bestehen aus 42 Monaten, und 42
Monate aus 1260 Tagen; und da jeder Tag nach dem Text der
Heiligen Schrift ein Jahr bedeutet, heißt das, dass während 1260
Jahren, die den Zyklus des Koran bilden, die Stämme, Nationen und
Völker »ihre Leichname sehen«, was heißt, dass sie aus der Religion
Gottes eine Schaustellung machen: einerseits handeln sie nicht in
Übereinstimmung mit ihr, andererseits lassen sie nicht zu, dass »ihre
Leichname« - eben das Gesetz Gottes - zu Grabe getragen werden.
Äußerlich halten sie an der Religion Gottes fest und lassen sie nicht
völlig aus ihrer Mitte verschwinden; auch erlauben sie nicht, dass ihr
toter Körper ganz zerstört und vernichtet werde. In Wirklichkeit aber
haben sie das Gesetz Gottes verlassen, und nur nach außen hin
erwähnen sie es und halten an seinem Namen fest.*

*... Der Körper des göttlichen Gesetzes wurde wie ein Leichnam in der
Öffentlichkeit zur Schau gestellt, und zwar 1260 Tage lang, von denen
jeder ein Jahr bedeutet. Und dies ist die Zeit des Mohammedanischen
Zyklus.*

*...Nur Gebete und Fasten blieben von der Religion bestehen; dieser
Zustand dauerte 1260 Jahre, was die Zeitspanne für den Zyklus des
Furqán[1] ist. Es war, als ob die beiden Zeugen gestorben und ihre
Körper ohne Geist zurückgeblieben wären.*

[1] *Ein anderer Name für den Koran, der seine Bedeutung kennzeichnet.*

»Und die auf Erden wohnen, werden sich freuen über sie und wohl leben und Geschenke untereinander senden; denn diese zwei Propheten quälten die auf Erden wohnten.« »Die auf Erden wohnten« bedeutet die anderen Nationen und Rassen, nämlich die Völker Europas und des fernen Asiens. Als sie sahen, dass sich der Charakter des Islám völlig verändert hatte, dass das göttliche Gesetz nicht mehr befolgt wurde, dass Tugenden, Eifer und Ehre vernichtet und die Eigenschaften verwandelt waren, freuten sie sich und waren froh, dass Sittenverderbnis die islamischen Völker angesteckt hatte, denn sie wussten, dass diese deshalb von anderen Völkern unterworfen werden würden. So ist es auch geschehen. Sieh, wie dieses Volk, das auf dem Gipfel der Macht stand, heute erniedrigt und unterdrückt ist.

Die anderen Völker werden »Geschenke untereinander senden« heißt, sie werden sich gegenseitig helfen, »denn diese zwei Propheten quälten die auf Erden wohnten«. Mit anderen Worten, sie hatten die anderen Völker und Nationen der Welt besiegt und unterworfen.

»Und nach drei Tagen und einem halben fuhr in sie der Geist des Lebens von Gott, und sie traten auf ihre Füße; und eine große Furcht fiel über die, so sie sahen.« Dreieinhalb Tage bedeuten 1260 Jahre, wie vorher ausführlich erklärt wurde. Die zwei Personen, deren Körper ohne Geist dalagen, bedeuten die Unterweisungen und das religiöse Gesetz, das Muhammad begründet und 'Alí verbreitet hatte, dessen wahre Grundlage jedoch verloren ging und von dem nur die äußere Form übrigblieb. In diese Körper kehrte der Geist zum zweiten Male ein, das heißt, jene Grundlagen und Lehren wurden zum zweiten Male eingesetzt. Mit anderen Worten: Geistigkeit des göttlichen Gesetzes war in Materialismus, Tugenden in Laster, Liebe zu Gott in Hass, Erleuchtung in Finsternis, göttliche Eigenschaften in satanische, Gerechtigkeit in Tyrannei, Erbarmen in Feindseligkeit, Aufrichtigkeit in Lüge, Führung in Irreleitung und Keuschheit in niedrige Sinnenlust verwandelt worden. Nach dreieinhalb Tagen, die nach der Ausdrucksweise der Heiligen Bücher 1260 Jahre bedeuten, wurden jene göttlichen Lehren, Tugenden und Vollkommenheiten und die geistigen Gnadenbeweise durch das Erscheinen des Báb und die Ergebenheit des Quddús[1] erneuert.

¹ Hájí Muhammad Alí Barfurúshi, einer der bedeutendsten Jünger des Báb und einer der neunzehn »Buchstaben des Lebendigen«.

Der Atem der Heiligkeit wehte, das Licht der Wahrheit leuchtete, der Seelen erquickende Frühling erschien und der Morgen der Führung dämmerte. Die beiden leblosen Körper wurden wiederbelebt, und diese beiden großen Männer, der eine der Begründer, der andere der Verbreiter, standen auf und waren wie zwei Fackeln, denn sie erleuchteten die Welt mit dem Lichte der Wahrheit.

»Und sie hörten eine große Stimme vom Himmel zu ihnen sagen: Steiget herauf! Und sie stiegen auf in den Himmel ...« Das heißt, aus dem verborgenen Himmel hörten sie die Stimme Gottes, die sprach: Was getan werden musste und was notwendig war, habt ihr vollbracht, die Lehren und frohen Botschaften habt ihr verbreitet, Meine Botschaft habt ihr den Geschöpfen übermittelt, den Ruf Gottes habt ihr erschallen lassen und eueren Auftrag habt ihr erfüllt. Nun müsst ihr wie Christus euer Leben dem innig Geliebten als Opfer darbringen und Märtyrer werden. Und jene Sonne der Wahrheit und jener Mond der Führung¹ gingen beide wie Christus am Horizont des größten Martyriums unter und stiegen auf zum Königreich Gottes.

¹ Der Báb und Sein Jünger Quddús.

» ... und es sahen sie ihre Feinde« das heißt, viele ihrer Feinde erkannten nach ihrem Märtyrertod die Höhe ihrer Stufe und die Erhabenheit ihres Verdienstes und bekundeten ihre Größe und Vollkommenheit.

»Und zu derselben Stunde ward ein großes Erdbeben und der zehnte Teil der Stadt fiel und wurden getötet in dem Erdbeben siebentausend Namen der Menschen.«

Dieses Erdbeben ereignete sich in Shiráz nach dem Märtyrertod des Báb. Die Stadt war in Aufruhr, und viele Menschen kamen um. Darüber hinaus herrschte durch Krankheiten, Cholera, Hungersnot, Teuerung, Mangel und Unglück so große Erregung, wie sie nie zuvor dagewesen war.

»Und die anderen erschraken und gaben Ehre dem Gott des Himmels.«

Bei dem Erdbeben in Fárs jammerten und klagten die Überlebenden Tag und Nacht, sie flehten und riefen zu Gott; sie waren so von Angst und Aufregung erfüllt, dass sie nachts weder Schlaf noch Ruhe fanden. »Das andere Wehe ist dahin; siehe, das dritte Wehe kommt schnell.« Das erste Wehe war das Erscheinen Muhammads, des Sohnes 'Abdu'lláhs - Friede sei mit ihm. Das zweite Wehe war das Kommen des Báb - Ruhm und Preis seien ihm. Das dritte Wehe ist der große Tag der Offenbarung des Herrn der Heerscharen und der Strahlungspunkt der Schönheit des Verheißenen. Die Erklärung für diesen Punkt, das Wehe, steht im Buche Hesekiel im 30. Kapitel, Vers 2-3, wo es heißt: »Und des Herrn Wort geschah zu mir und sprach: Du Menschenkind, weissage und sprich: So spricht Gott der Herr: Heulet: `O weh des Tages`. Denn der Tag ist nahe, ja, des Herrn Tag ist nahe.«

Es ist demnach sicher, dass der Tag des Wehe der Tag des Herrn ist; denn jener Tag bringt das Wehe den Achtlosen, den Sündern und den Nicht-Erkennenden. Darum ist gesagt: »Das andere Wehe ist dahin; siehe, das dritte Wehe kommt schnell.« Dieses dritte Wehe ist der Tag der Offenbarung Bahá'u'lláhs, der Tag Gottes; und er war nahe dem Tag des Erscheinens des Báb.

»Und der siebente Engel posaunte; und es wurden große Stimmen im Himmel, die sprachen: Es sind die Reiche der Welt unseres Herrn und seines Christus geworden, und er wird regieren von Ewigkeit zu Ewigkeit.«

Der siebente Engel ist ein mit himmlischen Eigenschaften begabter Mensch, der sich mit überirdischem Wesen und Charakter erheben wird. Stimmen werden laut, damit das Erscheinen der Offenbarung Gottes verkündet und bekannt werde. Am Tage des Kommens des Herrn der Heerscharen und in der Zeit des göttlichen Zyklus des Allmächtigen, der in allen Büchern und Schriften der Propheten verheißen und erwähnt wurde, - an diesem Tag des Herrn wird das geistige und göttliche Königreich errichtet und die Welt erneuert; ein neuer Geist wird allem Erschaffenen eingehaucht, die Zeit des göttlichen Frühlings bricht an, die Wolken der Gnade regnen, die Sonne der Wahrheit scheint, der lebenspendende Windhauch weht, die Menschenwelt legt ein neues Gewand an, die Erde wird zu einem erhabenen Paradiese; die Menschheit wird erzogen, Krieg, Streit, Zank und Bosheit verschwinden, Wahrhaftigkeit, Rechtschaffenheit, Ehrlichkeit und Gottesverehrung erscheinen; Einigkeit, Liebe und Brüderlichkeit werden die Welt erfüllen, und Gott wird herrschen von Ewigkeit zu Ewigkeit, das heißt, dass das geistige und ewige Königreich aufgerichtet wird. So ist der Tag Gottes. Alle Tage, die früher kamen und gingen, waren die Tage Abrahams, Mose, Christi oder der anderen Propheten, dieser Tag aber ist der Tag Gottes, denn die Sonne der Wahrheit wird in all ihrer Pracht und Herrlichkeit aufgehen.

»Und die vierundzwanzig Ältesten, die vor Gott auf ihren Stühlen saßen, fielen auf ihr Angesicht und beteten Gott an und sprachen: Wir danken Dir, Herr, allmächtiger Gott, Der Du bist und warest, dass Du hast angenommen Deine große Kraft und herrschest.«

In jedem Zyklus waren die Auserwählten und Heiligen zwölf Männer. Jakob hatte zwölf Söhne; in den Tagen Mose waren es zwölf Stammeshäupter; in der Zeit Christi waren es zwölf Jünger und in den Tagen Muhammads zwölf Imáme. Aber in dieser herrlichen Offenbarung sind es vierundzwanzig Männer, das Doppelte all der anderen, denn die Größe dieser Offenbarung erfordert es. Diese heiligen Seelen sitzen in der Gegenwart Gottes auf ihren eigenen Thronen, was bedeutet, dass sie ewig herrschen. Diese vierundzwanzig großen Persönlichkeiten verehren, obgleich sie auf den Thronen ewiger Herrschaft sitzen, dennoch das Erscheinen der allumfassenden Offenbarung und sind ergeben und demütig und sagen: »Wir danken Dir, Herr, allmächtiger Gott, Der Du bist und warest, dass Du hast angenommen Deine große Kraft und herrschest.« Das besagt: Deine Lehren wirst Du überall verbreiten und alles, was auf Erden ist, wirst Du unter Deinem Schutz vereinen und die ganze Menschheit wirst Du im Schatten eines einzigen Zeltes versammeln. Obwohl es das ewige Königreich Gottes ist und Er immer ein Königreich hatte und noch hat, bedeutet das Königreich hier Seine eigene Offenbarung[1]; und Er wird alle die Gesetze und Lehren, die der Geist für die menschliche Welt sind, und ewiges Leben geben. Diese allumfassende Offenbarung erobert die Welt durch geistige Macht, nicht durch Krieg und Streit; sie tut es mit Frieden und Heiterkeit, nicht mit dem Schwert und Waffen; sie errichtet dieses himmlische Königreich mit wahrer Liebe und nicht mit der Gewalt des Krieges. Sie fördert diese göttlichen Lehren durch Güte und Rechtlichkeit, nicht durch Waffengewalt und Härte. Sie erzieht die Menschen und Nationen so, dass sie trotz aller Verschiedenheit ihrer Lebensumstände, der Mannigfaltigkeit ihrer Sitten und Charaktere, der Unterschiede in ihren Religionen und Rassen, wie es in der Bibel heißt, wie der Wolf und das Lamm, der Leopard und das Zicklein, die Schlange und der Säugling Kameraden, Freunde und Gefährten werden. Der gegenseitige Rassenhass, die religiösen Gegensätze und die nationalen Schranken werden völlig beseitigt und alle werden unter dem Schatten des Gesegneten Baumes in größter Einigkeit und Harmonie miteinander leben.

[1] Seine vollkommenste Offenbarung.

»Und die Heiden sind zornig geworden,« weil Deine Unterweisungen den niedrigen Neigungen der Heiden entgegenliefen, »und es ist gekommen Dein Zorn«, das heißt, über alle kam offenbarer Schaden, weil sie Deine Ermahnungen, Ratschläge und Unterweisungen nicht befolgten; darum gingen sie Deiner ewigen Gnadengaben verlustig, und das Licht der Sonne der Wahrheit blieb vor ihnen verschleiert.

» ... und die Zeit der Toten, zu richten«, das heißt, die Zeit kommt, in der die Toten, nämlich die Seelen, die dem Geist der Liebe Gottes fern sind und am ewigen Leben der Heiligkeit nicht teilhaben, gerecht gerichtet werden; dies bedeutet, dass sie sich erheben werden, um das zu empfangen, was sie verdienen. Er lässt die Wahrheit ihrer Geheimnisse sichtbar werden und zeigt, in welchen Niederungen sie in dieser Welt leben, so dass sie mit Recht Tote genannt werden.

» ... und zu geben den Lohn Deinen Knechten, den Propheten und den Heiligen und denen, die Deinen Namen fürchten, den Kleinen und Großen.« Dies besagt, dass Er die Gottesfürchtigen mit unendlicher Gnade auszeichnen und sie gleich Sternen am Himmel ewiger Erhabenheit leuchten lassen wird. Er hilft ihnen, indem Er sie zu einem Betragen und einer Lebensweise befähigt, die das Licht für die Menschheit, der Anlass zur Führung und das Mittel zum ewigen Leben im göttlichen Königreich sind.

» ... und zu verderben, die die Erde verderbt haben.« Das bedeutet, dass Er die Nachlässigen ausschließen wird, denn die Blindheit der Blinden wird offenbar, die Schau der Sehenden wird sich zeigen, die Torheit und Unwissenheit der Irregeleiteten wird erkannt und das Wissen und die Weisheit der Geführten werden deutlich; aus diesem Grunde werden die Verderber vernichtet. *»Und der Tempel Gottes ward aufgetan im Himmel.«* Das himmlische Jerusalem wird gefunden, und das Allerheiligste wird sichtbar. Das Allerheiligste bedeutet in der Sprache der Weisen das Wesen des göttlichen Gesetzes und die wahre göttliche Lehre, die in keinem Zyklus irgendeines Propheten verändert wurde, wie schon früher erklärt wurde. Das Heiligtum Jerusalems wird mit der Wirklichkeit des göttlichen Gesetzes verglichen, das das Allerheiligste ist, und all die Gesetze, Gebräuche, Riten und irdischen Vorschriften sind die Stadt Jerusalem - daher wird oben vom himmlischen Jerusalem gesprochen. Kurz, da in diesem Zyklus das göttliche Licht in hellstem Glanz von der Sonne der Wahrheit ausstrahlt, wird sich das Wesen der göttlichen Unterweisung in dieser erschaffenen Welt durchsetzen und die Finsternis der Torheit und Unwissenheit wird vergehen; die Welt wird zu einer neuen Welt und Erleuchtung wird vorherrschen. So wird das Allerheiligste erscheinen.

»Und der Tempel Gottes ward aufgetan im Himmel,« heißt auch, dass durch die Verbreitung der göttlichen Lehren, das Erscheinen der himmlischen Geheimnisse und den Aufgang der Sonne der Wahrheit die Tore zum Heil und Erfolg in der ganzen Welt geöffnet sind und himmlische Segnungen sichtbar werden.

»Und die Lade Seines Bundes ward in Seinem Tempel gesehen.« Das heißt, das Buch Seines Testamentes wird in Seinem Jerusalem sichtbar, die Tafel des Bundes[1] wird geschrieben, und die Bedeutung von Testament und Bund wird klargemacht. Der göttliche Ruf durchdringt den Osten und Westen, und die Verkündung der Sache Gottes erfüllt die Welt. Die Verletzer des Bundes werden erniedrigt und zerstreut und die Getreuen werden geliebt und erhöht, denn sie halten sich an das Buch des Testaments und stehen fest und aufrecht im Bunde.

»Und es geschahen Blitze und Stimmen und Donner und Erdbeben und ein großer Hagel.« Nach dem Erscheinen des Buchs des Bundes erhebt sich ein großer Sturm, die Blitze des göttlichen Zornes zucken, die Donnerschläge der Bündnisverletzung werden vernehmbar, das Erdbeben des Zweifels zeigt sich, der Hagel der Vergeltung fällt auf die Verletzer des Bundes, und sogar jene, die sich als gläubig bekennen, werden von Prüfungen und Versuchungen heimgesucht.

[1] Ein Werk Bahá'u'lláhs, in dem Er Abdu'l-Bahá ausdrücklich als denjenigen bestimmt, zu dem sich alle nach Seinem Tode wenden sollen. Es trägt den Namen Kitáb-i-'Ahd und ist als »Buch des Bundes« zusammen mit dem »Willen und Testament« Abdu'l-Bahás in Deutsch im Bahá'í-Verlag, Frankfurt am Main, 1957 in 2. und 3. Auflage erschienen." (Abdu'l-Bahá, Beantwortete Fragen Kap. 11) (K1/K2/K3)

„12: ERLÄUTERUNGEN ZUM 11. KAPITEL DES BUCHES JESAJA

In Jesaja 11, Vers 1-9, steht geschrieben: »Und es wird eine Rute aufgehen von dem Stamm Isais und ein Zweig aus seiner Wurzel Frucht bringen, auf welchem wird ruhen der Geist des Herrn, der Geist der Weisheit und des Verstandes, der Geist des Rates und der Stärke, der Geist der Erkenntnis und der Furcht des Herrn. Und Wohlgeruch wird ihm sein die Furcht des Herrn. Er wird nicht richten, nach dem seine Augen sehen, noch Urteil sprechen, nach dem seine Ohren hören, sondern wird mit Gerechtigkeit richten die Armen und rechtes Urteil sprechen den Elenden im Lande und wird mit dem Stabe seines Mundes die Erde schlagen und mit dem Odem seiner Lippen den Gottlosen töten. Gerechtigkeit wird der Gurt seiner Lenden sein und der Glaube der Gurt seiner Hüften. Die Wölfe werden bei den Lämmern wohnen und die Parder bei den Böcken liegen. Ein kleiner Knabe wird Kälber und junge Löwen und Mastvieh miteinander treiben. Kühe und Bären werden auf der Weide gehen, dass ihre Jungen beieinander liegen; und Löwen werden Stroh essen wie die Ochsen. Und ein Säugling wird seine Lust haben am Loch der Otter, und ein Entwöhnter wird seine Hand stecken in die Höhle des Basilisken. Man wird nirgend Schaden tun noch verderben auf meinem ganzen heiligen Berge; denn das Land ist voll Erkenntnis des Herrn, wie Wasser das Meer bedeckt.«

Die Rute aus dem Stamm Isais scheint Christus zu meinen, denn Joseph war aus dem Geschlecht Isais, des Vaters von David. Aber da Christus durch den Heiligen Geist geboren war, nannte Er Sich Selbst Sohn Gottes. Wäre dies nicht so gewesen, so könnten diese Äußerungen auf ihn zutreffen. Darüber hinaus aber sind einige der Ereignisse, von denen der Prophet sagte, dass sie zur Zeit dieses Sprosses geschehen werden, eingetroffen, wenn sie als Gleichnis genommen werden, aber nicht alle; werden sie dagegen nicht symbolisch genommen, so wurde keines dieser Zeichen zur Zeit Christi erfüllt. Zum Beispiel sind der Leopard und das Lamm, der Löwe und das Kalb, die Otter und der Säugling Bilder und Gleichnisse für die verschiedenen Nationen und Völker, sich bekämpfende Sekten und feindliche Rassen, die in ihrer Gegnerschaft und Feindschaft wie Wolf und Lamm sind. Wir sagen, dass sie durch den Odem des Geistes Christi den Geist der Eintracht und Harmonie fanden, dass sie von ihm belebt wurden und sich miteinander vereinten.

Aber »man wird nirgend Schaden tun noch verderben auf meinem ganzen heiligen Berge; denn das Land ist voller Erkenntnis des Herrn, wie Wasser das Meer bedeckt.« Diese Umstände haben sich zur Zeit der Offenbarung Christi nicht erfüllt; denn bis auf den heutigen Tag gibt es auf der Welt verschiedene und sich bekämpfende Nationen, nur wenige Menschen bekennen sich zum Gotte Israels, und die meisten von ihnen besitzen nicht die Erkenntnis Gottes. Ebenso ist der allgemeine Friede in der Zeit Christi nicht verwirklicht worden, das heißt, unter den sich bekämpfenden und feindlichen Nationen sind Friede und Eintracht nicht zustande gekommen, Streit und Meinungsverschiedenheiten sind nicht überwunden und Versöhnung und Aufrichtigkeit nicht gewonnen worden. So hegen sogar die christlichen Glaubensgemeinschaften und Völker untereinander bis auf den heutigen Tag größte Feindschaft, und sie hassen und bekämpfen sich gegenseitig.

Aber jene Verse treffen Wort für Wort auf Bahá'u'lláh zu: In diesem wunderbaren Zyklus aber wird die Erde verwandelt und die Welt der Menschheit mit Frieden und Schönheit geschmückt. Feindseligkeit, Streit und gegenseitiges Töten werden zu Harmonie, Wahrhaftigkeit und Eintracht; zwischen den Nationen, Völkern, Rassen und Ländern werden gutes Einvernehmen und Liebe herrschen. Zusammenarbeit und Verbundenheit werden sich festigen und schließlich wird der Krieg ganz unmöglich sein. Wenn die Gebote des Heiligsten Buches[1] in Kraft getreten sind, werden Interessenkämpfe und Streitigkeiten durch einen allgemeinen Gerichtshof aller Staaten und Nationen in größter Gerechtigkeit geschlichtet und entschieden und alle auftretenden Schwierigkeiten gelöst werden. Die fünf Erdteile der Welt werden wie `ein Land` sein, die vielen Völker werden wie `ein Volk`, die Erdoberfläche wird wie `ein Vaterland` und das Menschengeschlecht wie `eine Gemeinde` sein. Die Verbindung der Länder untereinander, der Verkehr, die Eintracht und Freundschaft unter den Völkern und Gemeinden werden so groß sein, dass die ganze Menschheit wie `eine Familie` und `ein Geschlecht` wird. Das Licht himmlischer Liebe wird leuchten und die Dunkelheit des Hasses und der Feindschaft wird vergehen. Ein universaler Friede wird inmitten dieser Welt errichtet und der gesegnete Baum des Lebens wird so hoch wachsen und gedeihen, dass sein Schatten über den Osten und den Westen fällt. Die Starken und die Schwachen, die Reichen und die Armen, die streitenden Sekten und die gegnerischen Nationen, die dem Wolf und dem Lamm, dem Leoparden und dem Zicklein, dem Löwen und dem Kalb gleichen, werden in größter Liebe, Freundschaft, Gerechtigkeit und Unparteilichkeit zusammenwirken. Die Welt wird von Wissenschaft, vom Wissen um die Geheimnisse des Seins und der Erkenntnis des Herrn erfüllt sein.

[1] Kitáb-i-Aqdas

Überlege nun, was für Fortschritte Wissenschaft und Erkenntnis in diesem großen Jahrhundert, das zum Zyklus Bahá'u'lláhs gehört, gemacht haben, wie viele Geheimnisse des Seins entdeckt und wie viele große Erfindungen erdacht wurden, die Tag für Tag um ein Vielfaches zunehmen. Bald werden sich Wissenschaft und Kenntnisse, ebenso wie die Erkenntnis Gottes, so entwickeln und solche Wunder aufzeigen, dass alle, die es erleben, darüber staunen werden. Dann wird der geheime Sinn des Verses Jesajas »Denn das Land ist voll Erkenntnis des Herrn« völlig offenbar.

Überlege auch, dass während der kurzen Zeit, die seit dem Erscheinen Bahá'u'lláhs vergangen ist, Menschen aus allen Ländern, Völkern und Rassen unter den Schutz dieser Sache kamen.

Christen, Juden, Zoroastrier, Buddhisten, Hindus und Perser, alle schließen sich in größter Freundschaft und Liebe zusammen, als seien diese Menschen und ihre Angehörigen seit tausend Jahren miteinander verwandt und verbunden; denn sie sind wie Vater und Sohn, Mutter und Tochter, Bruder und Schwester. Dies ist eine der Bedeutungen der Freundschaft zwischen Wolf und Lamm, Leopard und Zicklein, Löwe und Kalb.

Eines der großen Ereignisse, das am Tage des Erscheinens dieses unvergleichlichen Sprosses eintreten soll, ist das Hissen des Banners des Herrn unter allen Völkern. Das heißt, dass alle Völker und Stämme unter den Schutz dieses göttlichen Banners, das kein anderes als der erhabene Spross Selbst ist, kommen und zu einem einzigen Volke werden. Die Gegensätze der Glaubensbekenntnisse und Religionen, die Feindschaft zwischen Rassen und Völkern und die Verschiedenheiten vaterländischer Interessen werden verschwinden. Alle werden `einer Religion`, `einem Bekenntnis`, `einer Rasse` und `einem Volk` angehören und in `einem Vaterland` wohnen, das die ganze Erde ist. Universaler Friede und Einheit werden unter allen Völkern verwirklicht, und jener unvergleichliche Spross wird ganz Israel versammeln. Das kündet an, dass in diesem Zyklus Israel im Heiligen Land versammelt wird, und dass die Juden, die im Osten und Westen, im Süden und Norden zerstreut sind, vereinigt werden.

Nun sieh, dass sich dies im Zeitalter Christi nicht ereignet hat, denn die Völker sind nicht unter dem einen Banner, mit dem der göttliche Spross gemeint ist, zusammengekommen. Aber in diesem Zyklus des Herrn der Heerscharen werden alle Völker und Nationen unter den Schutz dieses Banners gelangen. Auch das in alle Welt zerstreute Israel wurde im christlichen Zeitalter nicht im Heiligen Land von neuem vereint. Aber am Anfang des Zeitalters Bahá'u'lláhs begann sich dieses göttliche Versprechen, das in allen Büchern der Propheten verkündet wurde, zu erfüllen. Man kann sehen, wie von allen Teilen der Welt jüdische Geschlechter zum Heiligen Land kommen; sie leben in Dörfern und auf Boden, den sie sich erwerben, und Tag für Tag vermehrt sich ihre Zahl in einem solchen Ausmaß, dass ganz Palästina ihre Heimat werden wird[1].

[1] *Diese Worte wurden im Jahre 1904 gesprochen und niedergeschrieben und bald darauf im Druck veröffentlicht."* (Abdu'l-Bahá, Beantwortete Fragen Kap. 12) (K1/K2/K3)

„*13: ERLÄUTERUNGEN ZUM 12. KAPITEL DER OFFENBARUNG DES JOHANNES*

Wie schon früher erklärt, bedeutet die Heilige Stadt, das Jerusalem Gottes, an den meisten Stellen des Heiligen Buches das Gesetz Gottes. Es wird manchmal einer Braut, zuweilen Jerusalem und dann wieder einem neuen Himmel und einer neuen Erde gleichgesetzt. So steht im 21. Kapitel, Vers 1-3, der Offenbarung des Johannes geschrieben: »Und ich sah einen neuen Himmel und eine neue Erde; denn der erste Himmel und die erste Erde verging und das Meer ist nicht mehr. Und ich, Johannes, sah die heilige Stadt, das neue Jerusalem, von Gott aus dem Himmel herabfahren, bereitet als eine geschmückte Braut ihrem Mann. Und ich hörte eine große Stimme von dem Stuhl, die sprach: Siehe da, die Hütte Gottes bei den Menschen! Und er wird bei ihnen wohnen und sie werden Sein Volk sein und er selbst, Gott mit ihnen, wird ihr Gott sein.«

Sieh, wie klar es ist, dass der erste Himmel und die erste Erde das frühere Gesetz bezeichnen. Denn es ist gesagt, dass der erste Himmel und die erste Erde vergingen und das Meer nicht mehr ist. Das heißt: Die Erde ist der Ort des Gerichtes und am Ort des Gerichtes ist das Meer nicht mehr, nämlich die Lehren und das Gesetz Gottes werden auf der ganzen Erde verbreitet, alle Menschen nehmen die Sache Gottes an und die Erde wird ganz von Gläubigen bewohnt. Deshalb gibt es kein Meer mehr, denn Wohnung und Lebensraum des Menschen liegen auf dem Festland. Mit anderen Worten, in jenem Zeitalter wird es für die Menschen zum Vergnügen, auf dem Feld des göttlichen Gesetzes zu wandeln. Solch eine Erde ist fest, auf ihr gibt es kein Ausgleiten. Das Gesetz Gottes wird auch mit der Heiligen Stadt, dem Neuen Jerusalem, verglichen. Es ist klar, dass das Neue Jerusalem, das vom Himmel herniederkommt, keine Stadt aus Stein, Kalk, Ziegeln, Mörtel und Holz ist. Es ist das Gesetz Gottes, das vom Himmel kommt und neu genannt wird; denn es ist selbstverständlich, dass das Jerusalem aus Stein und Mörtel nicht vom Himmel herabkommt und dass es nicht erneuert wird. Was aber erneuert wird, ist das Gesetz Gottes.

Das göttliche Gesetz wird auch mit einer Braut verglichen, die im schönsten Schmucke erscheint, wie es im 21. Kapitel der Offenbarung des Johannes heißt: »Und ich, Johannes, sah die heilige Stadt, das neue Jerusalem, von Gott aus dem Himmel herabfahren, bereitet als eine geschmückte Braut ihrem Mann.« Und im 12. Kapitel, Vers 1, steht geschrieben: »Und es erschien ein großes Zeichen im Himmel: ein Weib, mit der Sonne bekleidet, und der Mond unter ihren Füßen und auf ihrem Haupt eine Krone von zwölf Sternen.« Dieses Weib ist jene Braut und bedeutet das göttliche Gesetz, das durch Muhammad offenbart wurde. Die Sonne, mit der sie bekleidet war, und der Mond unter ihren Füßen sind die zwei Nationen, die unter dem Schutz jenes Gesetzes stehen, das persische und das türkische Reich; denn das Sinnbild Persiens ist die Sonne und das der Türkei der Halbmond. Sonne und Mond sind die Verkörperung von zwei Reichen, die unter der Gewalt des Gesetzes Gottes stehen. Dann heißt es: » ... auf ihrem Haupt eine Krone von zwölf Sternen.« Diese zwölf Sterne bezeichnen die zwölf Imáme, die die Verbreiter des Mohammedanischen Gesetzes und die Erzieher des Volkes waren und die wie Sterne am Himmel der Führung leuchten.

Dann steht im zweiten Vers: »Und sie war schwanger und schrie in Kindesnöten und hatte große Qual zur Geburt.« Das heißt, dieses Gesetz geriet in große Schwierigkeiten und hatte Nöte und schwere Prüfungen zu erleiden, bis ein vollkommener Spross hervorging, nämlich die folgende Offenbarung, der Verheißene, der der vollkommene Spross ist und im Schoß dieses göttlichen Gesetzes, das ihm wie eine Mutter ist, erzogen war. Mit diesem Spross ist der Báb, der erste Punkt, gemeint, der in Wahrheit der Sohn des göttlichen Gesetzes Muhammads war. Die heilige Wirklichkeit also, die das Kind und die Frucht des Gesetzes Gottes, seiner Mutter, ist und die in jener Religion verheißen ist, erscheint im Lande jenes Gesetzes; wegen der Gewaltherrschaft des Drachens aber wurde das Kind zu Gott entrückt. Nach 1260 Tagen wurde der Drache vernichtet, und der Sohn des Gesetzes Gottes, der Verheißene, offenbarte sich.

... Vers 4: »Und der Drache trat vor das Weib, die gebären sollte, auf dass, wenn sie geboren hätte, er ihr Kind fräße.« Wie wir schon erklärt haben, ist dieses Weib das Gesetz Gottes. Der Drache wartete bei der Frau um ihr Kind zu verschlingen und dieses Kind war die verheißene Offenbarung, nämlich der Spross des Gesetzes Muhammads. Die Umaijaden haben immer darauf gewartet, des Verheißenen, der aus dem Geschlechte Muhammads kommen soll, habhaft zu werden, um ihn zu vernichten und auszulöschen; denn sie fürchteten die Erscheinung der verheißenen Offenbarung und sie suchten jeden Nachkommen Muhammads zu töten, der zu großem Ansehen gelangen könnte.

Vers 5: »Und sie gebar einen Sohn, ein Knäblein, das alle Heiden sollte weiden mit eisernem Stabe.« Dieser große Sohn ist die verheißene Offenbarung, die aus dem Gesetze Gottes geboren und im Schoße der göttlichen Unterweisung erzogen wurde. Der eiserne Stab ist ein Symbol für Kraft und Macht - er ist nicht ein Schwert -, und das bedeutet, dass er mit göttlicher Kraft und Macht der Hirte aller Völker der Welt sein wird. Dieser Sohn ist der Báb.

Vers 5: »Und ihr Kind ward entrückt zu Gott und seinem Stuhl.« Diese Prophezeiung bezieht sich auf den Báb, der aufgestiegen ist zum himmlischen Reich, zum Thron Gottes und zum Mittelpunkt Seines Königreichs. Sieh, wie all dies mit den Tatsachen übereinstimmt.

Vers 6: »Und das Weib entfloh in die Wüste ... « Das heißt, das Gesetz Gottes floh in die Wüste, denn es wurde in die weite Wüste Hijáz und auf die arabische Halbinsel verpflanzt.

Vers 6: » ... wo sie einen Ort hat, bereitet von Gott ... « Die arabische Halbinsel wurde zum Zufluchtsort, zur Wohnstätte und zum Mittelpunkt des göttlichen Gesetzes.

Vers 6: » ... dass sie daselbst ernährt würde tausendzweihundertundsechzig Tage.« Nach der Ausdrucksweise der Bibel bedeuten diese 1260 Tage, dass das Gesetz Gottes 1260 Jahre in der großen arabischen Wüste eingesetzt war. Aus ihm ist der Verheißene hervorgegangen. Nach 1260 Jahren wird dieses Gesetz keinen Einfluss mehr haben, denn die Frucht jenes Baumes wird erschienen und die Wirkung erzielt sein.

Beachte, wie die Prophezeiungen miteinander übereinstimmen. In der Offenbarung wird das Erscheinen des Verheißenen auf 42 Monate anberaumt und Daniel spricht von drei Zeiten und einer halben, was ebenfalls 42 Monate ergibt; diese entsprechen 1260 Tagen. An anderer Stelle der Offenbarung des Johannes sind deutlich 1260 Tage erwähnt[1] und in der Heiligen Schrift steht, dass jeder Tag ein Jahr bedeutet. Noch klarer könnten diese Prophezeiungen nicht miteinander übereinstimmen. Der Báb erschien im Jahre 1260 nach der Auswanderung Muhammads, mit der die allgemeine Mohammedanische Zeitrechnung beginnt. In den Heiligen Büchern ist keine Prophezeiung über das Kommen eines Offenbarers klarer gegeben worden. Für den, der gerecht urteilt, ist die Übereinstimmung der von jenen großen Männern verkündeten Daten der schlüssigste Beweis. Für diese Prophezeiungen ist keine andere Erklärung möglich. Gesegnet sind die gerechten Seelen, die nach Wahrheit suchen. Wo aber Gerechtigkeit fehlt, zankt und beschimpft man sich und leugnet öffentlich die klaren Tatsachen; wie die Pharisäer, die beim Erscheinen Christi mit größter Hartnäckigkeit die Lehren und Erklärungen Christi und Seiner Jünger abstritten. Sie verdunkelten Seine Sache bei der unwissenden Masse, indem sie sagten: »Die Prophezeiungen beziehen sich nicht auf Jesus, sondern auf den Verheißenen, der später, unter den in der Thora niedergeschriebenen Umständen kommen wird.« Einige dieser Umstände waren, dass er ein Königreich haben muss, dass er auf dem Throne Davids sitzen, das Gesetz der Thora durchsetzen und solche Gerechtigkeit offenbaren muss, dass Wolf und Lamm an der gleichen Quelle zusammenkommen.

Auf solche Weise hinderten sie das Volk daran, Christus zu erkennen.

[1] Kapitel 11, Vers 3." (Abdu'l-Bahá, Beantwortete Fragen Kap. 13) (K2/K3)

„Sei nicht bekümmert über das, was die Pharisäer und die Gerüchteköche unter den Zeitungsleuten über Bahá sagen. Rufe dir die Tage Christi ins Gedächtnis und die Leiden, mit denen das Volk Ihn überschüttete, und all die Qual und Trübsal, die man Seinen

Jüngern zufügte. Da ihr Liebende der Schönheit Abhá seid, müsst auch ihr um Seiner Liebe willen die Schmach der Völker auf euch laden; alles, was den Jüngern einst widerfuhr, muss auch euch treffen. Dann werden die Angesichter der Auserwählten strahlen im Glanz des Gottesreiches in allen Zeitaltern, ja in allen Zyklen der Zukunft. Die Leugner aber verharren in offenkundigem Verlust. Es wird sein, wie es Christus, der Herr, voraussagte: »Sie werden euch verfolgen um Meines Namens willen.« [1]

[1] *vgl. Luk. 21:12 ; s.a. Matth. 5:11, 13:9 und Luk. 6:22"* (Abdu'l-Bahá, Briefe und Botschaften 19:4) (K2/K3)

„*Das Land Deutschland ist wie eine Lampe und die Geliebten Gottes dort sind wie ein glänzendes Licht. Dieses Land wird darum zweifellos erleuchtet werden. (Aus Brief Abdu'l-Bahás etwa vom Oktober 1909)"* (Abdu'l-Bahá, Briefe und Botschaften 21) (K3)

„*... Deutschland ... Der in jenem Land verkündete Ruf des Königreiches wird in Zukunft sicherlich gewaltige Ergebnisse zeitigen. (Aus Br. Abdu'l-Bahás etwa v. September 1913)"* (Abdu'l-Bahá, Briefe und Botschaften 22) (K2/K3)

„*Dein Brief ist angekommen und ich habe inbrünstig darum gefleht, dass jene gesegnete Gemeinde in Deutschland Tag für Tag wachsen möge, ... damit das Land in den vor uns liegenden Jahren Ruhe und Frieden erlange, da künftige Ereignisse in Europa leidvoll sein werden. ... (Aus Br. Abdu'l-Bahás etwa v. Februar 1912)"* (Abdu'l-Bahá, Briefe und Botschaften 23) (K2/K3)

„*Die Menschen in Stuttgart und Esslingen sind sehr warmherzig, aufrichtig und ernsthaft zur Sache Gottes hingezogen. Sie werden alle anderen Europäer übertreffen und große Erregung in Europa hervorrufen; sie werden den ganzen Kontinent wachrütteln. (Aus Br. Abdu'l-Bahás v. 05.04.1913)"* (Abdu'l-Bahá, Briefe und Botschaften 24) (K3)

„*Die Sache Gottes wird in Deutschland große Fortschritte machen. Es wird alle anderen Gegenden übertreffen. (Aus Br. Abdu'l-Bahás v. 12.02.1913)"* (Abdu'l-Bahá, Briefe und Botschaften 29) (K3)

„*(03.04.1913 in Stuttgart) Mit Konsul Schwarz und Dr. med. Faber sprach Abdu'l-Bahá über die politische Weltlage und über einen nahen bevorstehenden Krieg; es bedürfe nur eines Funkens, um das Arsenal in Flammen zu setzen und die ganze Welt mit Krieg zu überziehen. Auf dem Balkan werde der Konflikt beginnen. Es werden Ströme von Blut fließen, unendliches Leid werde die Folge sein.*" (Werner Gollmer, Mein Herz ist bei euch. 'Abdu'l-Bahá in Deutschland, S. 28, Hofheim- Langenhain 1988) (K2)

„*... Sollte in Grönland das Feuer der Liebe Gottes entzündet werden, so würde es alles Eis dieses Landes schmelzen und sein kaltes Klima in ein gemäßigtes Klima verwandeln; dass heißt, wenn die Herzen die Wärme der Liebe Gottes aufnehmen, dann wird diese Gegend zu einem göttlichen Rosengarten und zu einem himmlischen Paradiese und die Seelen werden frisch und schön, wie früchtebeladene Bäume. Eifer, größter Eifer tut not. Wenn ihr Eifer an den Tag legt, damit Gottes Düfte unter den Eskimos verbreitet werden, wird dies große, weitreichende Folgen haben. Gott spricht im erhabenen Koran: »Es wird ein Tag kommen, da die Lichter der Einheit die ganze Welt erleuchten. Die Erde wird umstrahlt werden vom Lichte ihres Herrn.« Mit anderen Worten: »Die Erde wird erleuchtet werden vom Lichte Gottes. Dieses Licht ist das Licht der Einheit.« »Es gibt keinen Gott außer Gott.« (Vgl. Koran 3:62, 37:35; 47:19)*" (Abdu'l-Bahá, Sendschreiben zum Göttlichen Plan 5:2) (K3)

„*... Großes Gewicht müsst ihr auf die Lehrarbeit unter den Indianern, den Ureinwohnern Amerikas, legen; denn diese Seelen gleichen den alten Bewohnern der arabischen Halbinsel, die vor der Offenbarung Muhammads als Wilde angesehen wurden. Als aber das Licht Muhammads in ihrer Mitte erstrahlte, wurden sie davon so erfüllt, dass sie die ganze Welt erleuchteten. Wenn diese Indianer gleichermaßen erzogen und geführt werden, dann werden die göttlichen Lehren sie zweifellos so erleuchten, dass die ganze Erde dadurch erleuchtet wird. (Vgl. auch anders übersetzt: KGG, S. 88) Alle die oben genannten Länder sind von Wichtigkeit, aber besonders wichtig ist die Republik Panama, wo der Panamakanal den Atlantischen und den Pazifischen Ozean verbindet. Sie ist ein Knotenpunkt des Reise- und Durchgangsverkehrs von Amerika in andere Erdteile und wird in der Zukunft ganz besondere Bedeutung* *erlangen. (Vgl. auch anders übersetzt: KGG, S. 110f.)* " (Abdu'l-Bahá, Sendschreiben zum Göttlichen Plan 6:8) (K3)

„Sobald die amerikanischen Gläubigen diese göttliche Botschaft über die Küsten Amerikas hinaustragen und sie quer durch die Kontinente Europa, Asien, Afrika und Australasien, bis weit auf die pazifischen Inseln verkünden, wird sich diese Gemeinde unverrückbar auf den Thron ewiger Herrschaft gesetzt sehen. Dann werden alle Völker der Welt bezeugen, dass diese Gemeinde geistig erleuchtet und göttlich geführt ist. Dann wird die ganze Erde widerhallen vom Lobpreis ihrer Majestät und Größe. (Vgl. auch anders übers. KGG, S. 25)
... " (Abdu'l-Bahá, Sendschreiben zum Göttlichen Plan 7:5) (K3)

„Desgleichen ist der amerikanische Erdteil in den Augen des einen wahren Gottes ein Land, darin Sein strahlendes Licht enthüllt und die Geheimnisse Seines Glaubens entschleiert werden sollen, die Heimat der Rechtschaffenen und der Sammelplatz der Freien. Darum ist er in allen seinen Teilen gesegnet. (Vgl. auch anders übers. WOB, S.115)
... " (Abdu'l-Bahá, Sendschreiben zum Göttlichen Plan 9:3) (K2/K3)

„ ... Der Ruf zum Reiche Gottes wurde zuallererst von Chicago aus erhoben. Dies ist ein großes Vorrecht; in fernen Jahrhunderten und Zeitaltern wird es wie eine Achse sein, um die sich die Ehre Chicagos dreht." (Abdu'l-Bahá, Sendschreiben zum Göttlichen Plan 11:5) (K3)

„... nichts desto weniger hat das Dominion Kanada eine überaus große Zukunft; die damit verbundenen Ereignisse sind unendlich ruhmreich. Gottes gütiges Auge richtet sich liebevoll auf dieses Land; die Gunstbeweise des Allherrlichen sollen dort offenbar werden. ... " (Abdu'l-Bahá, Sendschreiben zum Göttlichen Plan 13:2) (K2/K3)

„Darum sage ich noch einmal, dass Kanada eine große Zukunft hat, sei es in materieller oder geistiger Hinsicht. Tag für Tag wird es an Kultur und Freiheit gewinnen. Die Wolken des Königreichs werden die dort gepflanzten Saaten der Führung bewässern. (Vgl. anders übers.: KGG, S. 92) ... " (Abdu'l-Bahá, Sendschreiben zum Göttlichen Plan 13:6) (K2/K3)

„ ... Doch der Sammelplatz des Reiches Gottes, der die göttlichen Einrichtungen und Lehren umfasst, ist der ewige Sammelplatz. Er

bahnt Verwandtschaft an zwischen Ost und West, baut die Einheit der Menschenwelt auf und tilgt die Grundlage allen Streites. Er übertrifft all die anderen Sammelplätze und schließt sie alle in sich ein. Wie der Sonnenschein vertreibt er alles Dunkel, das die Lande umfängt, und lässt göttliche Erleuchtung erstrahlen. Durch den Odem des Heiligen Geistes vollbringt er Wunder: Ost und West fallen einander in die Arme, Nord und Süd werden vereint und vertraut, Zank und Streit verschwinden, widerstrebende Zielsetzungen sind wie weggewischt, das Gesetz vom Kampf ums Dasein ist aufgehoben, der Baldachin der Einheit der Menschenwelt wird hoch über dem Erdball aufgerichtet und wirft seinen Schatten über alle Menschenrassen. Die göttlichen Lehren insgesamt sind darum der wahre Sammelplatz; sie umschließen alle Entwicklungsstufen und umfassen all die weltweiten Beziehungen und notwendigen Gesetze der Menschheit." (Abdu'l-Bahá, Sendschreiben zum Göttlichen Plan 14:3) (K3)

„Nun gebt euch Mühe, dass ihr diesen Sammelplatz der heiligen Religionen - zu dessen Erhöhung sich alle Propheten offenbarten und der nichts anderes ist als der Geist der göttlichen Lehren - über alle Teile Amerikas ausdehnt, damit ein jeder von euch vom Horizonte der Wirklichkeit strahle wie der Morgenstern, damit göttliche Erleuchtung das Dunkel der Natur überwinde und die Menschenwelt aufgeklärt werde. Dies ist die größte aller Aufgaben! Wenn ihr darin bestätigt werdet, dann wird diese Welt zu einer neuen Welt, die ganze Erdoberfläche wird ein liebliches Paradies und ewige Institutionen werden begründet." (Abdu'l-Bahá, Sendschreiben zum Göttlichen Plan 14:11) (K3)

„Eine ähnliche und noch bestimmtere Äußerung, das Wachstum der Bewegung prophezeiend, steht in einem Tablet, das Er nach dem Weltkrieg einem kurdischen Freund, der in Ägypten lebte, schrieb. Es lautet: "Betreffs des Verses im Buch Daniel, um dessen Auslegung du bittest, nämlich: 'Gesegnet sind die, die unter die 1335 Tage kommen', ist zu sagen: Diese Tage müssen als Sonnen- und nicht als Mondjahre gerechnet werden, denn übereinstimmend mit dieser Berechnung wird seit dem Aufgang der Sonne der Wahrheit über ein Jahrhundert verflossen sein, dann werden die Lehren Gottes auf der ganzen Erde Fuß gefasst haben und das göttliche Licht wird die Welt vom Osten bis zum Westen durchfluten. Dann, an diesem Tag, wird der Gläubige

sich freuen!" Die geheimnisvolle Deutung des oben erwähnten Ausspruches bestätigt und erklärt Er mit folgenden, einem früheren Tablet entnommenen Worten: "O Diener Gottes! Die oben erwähnten 1335 Tage müssen vom Abscheiden Mohammeds an, des Boten Gottes, gerechnet werden (nach d. Hedschra) - Lob und Segen ruhen auf Ihm! Am Ende dieser Zeit werden die Anzeichen der Zunahme der Herrlichkeit, der Erhabenheit und der Verbreitung des Wortes Gottes vom Osten bis zum Westen erscheinen."" (Bahá'í-Briefe. Blätter für Weltreligion und Weltbewußtsein, hrsg. v. Nationalen Geistigen Rat der Bahá'í in Deutschland, Heft 46, Frankfurt/Main 1960-71) (K2)

Aus den Schriften Shoghi Effendis
"Ein Angriff aller Völker und Geschlechter

Wir müssen uns nur der Warnungen 'Abdu'l-Bahás erinnern, um Art und Ausmaß derjenigen Kräfte, die mit Gottes heiligem Glauben im Streit liegen werden, zu verstehen. In den dunkelsten Stunden Seines Lebens, als Er unter 'Abdu'l-Hamíds Herrschaft vor der Verbannung in die unwirtlichsten Gegenden Nordafrikas stand, zu einer Zeit, als das Glück verheißende Licht der Bahá'í-Offenbarung erst gerade anfing, über dem Westen aufzusteigen, äußerte Er in Seiner Abschiedsbotschaft an den Vetter des Báb diese prophetischen Worte voll schlimmer Vorbedeutung:

»Wie groß, wie überaus groß ist diese Sache! Wie heftig wird der Angriff aller Völker und Geschlechter der Erde. Bald wird nah und fern das Geschrei der Massen in ganz Afrika, ganz Amerika, der Kampfruf der Europäer und der Türken, das Murren Indiens und Chinas zu hören sein. Wie ein Mann und mit all ihrer Macht werden sie sich erheben, um Seiner Sache zu widerstehen. Dann werden die Ritter des Herrn mit dem Beistand Seiner Gnade aus der Höhe, gestählt im Glauben, unterstützt durch die Macht der Erkenntnis und verstärkt durch die Legionen des Bündnisses, sich erheben und die Wahrheit des Verses offenbaren: `Sehet die Verwirrung, die die Scharen der Besiegten befallen hat!`«

So ungeheuer der Kampf auch ist, den seine Worte erahnen, bezeugen sie auch den vollständigen Sieg, den die Vorkämpfer des Größten Namens letztlich erreichen werden. Völker, Nationen, Gläubige verschiedener Bekenntnisse - alle werden sich zusammen und nacheinander erheben, um die Einheit unseres Glaubens zu erschüttern, seine Kraft zu schwächen, seinen heiligen Namen zu entwürdigen. Nicht nur gegen seinen Geist werden sie anstürmen, sondern auch gegen die Verwaltungs- und Gesellschaftsordnung, die der Kanal, das Werkzeug, die Verkörperung dieses Geistes ist. Denn je deutlicher die Amtsgewalt, welche Bahá'u'lláh in das künftige Bahá'í-Gemeinwesen gelegt hat, hervortritt, desto grimmiger wird die Herausforderung sein, die seinen Wahrheiten aus allen Richtungen entgegenstürmt." (Shoghi Effendi, Die Weltordnung Bahá'u'lláhs, S. 34f., 1977) (K3)

„ ... »Die Krankheiten, an denen die Welt jetzt leidet«, schrieb 'Abdu'l-Bahá im Januar 1920, »werden sich vervielfachen; die Dunkelheit, die sie umschließt, wird sich vertiefen. Der Balkan wird unzufrieden bleiben. Seine Ruhelosigkeit wird wachsen. Die besiegten Mächte werden weiterwühlen. Sie werden zu jeder Maßnahme greifen, die die Flamme des Krieges wieder entzündet. Neugeschaffene Bewegungen von weltweiter Bedeutung werden alle Kräfte für den Fortschritt ihrer Pläne aufbieten. Die Bewegung der Linken wird große Bedeutung erlangen. Ihr Einfluss wird sich ausbreiten.«

Seitdem jene Worte geschrieben wurden, scheint sich wirtschaftliche Not mit politischer Verwirrung, finanziellen Umwälzungen, religiöser Ruhelosigkeit und Rassenhass verschworen zu haben, die Last unermesslich zu vergrößern, unter der eine verarmte, kriegsmüde Welt ächzt. Die kumulative Wirkung dieser Krisen, die mit so bestürzender Schnelligkeit aufeinander folgen, ist derart, dass die Gesellschaft in ihren Grundfesten erzittert. Welchen Kontinent wir auch betrachten, welches noch so abgelegene Gebiet wir in den Blick fassen, überall sehen wir die Welt von Mächten bedrängt, die sie weder erklären noch zügeln kann." (Shoghi Effendi, Die Weltordnung Bahá'u'lláhs, S. 51f., 1977) (K2)

„Die sieben Lichtstrahlen der Einheit

Um Sein hehres Thema weiter zu erläutern, offenbarte 'Abdu'l-Bahá in einem Seiner Sendschreiben Folgendes: »Ob wohl in vergangenen Religionszyklen Einklang begründet wurde, war in Ermangelung der Mittel die Einheit der Menschheit unerreichbar. Die Kontinente blieben weit voneinander getrennt, ja sogar unter den Völkern eines und desselben Kontinents waren Verbindung und Austausch nahezu unmöglich. Infolgedessen waren der Umgang, die Verständigung und die Einheit zwischen allen Völkern und Geschlechtern der Erde fast unerreichbar. Heute jedoch haben sich die Kommunikationsmittel vervielfacht, und die fünf Kontinente der Erde sind zu einem Ganzen verschmolzen ... Ebenso sind alle Glieder der menschlichen Familie, ob Völker oder Regierungen, Städte oder Dörfer, in steigendem Maße voneinander abhängig geworden. Keiner kann mehr in Selbstgenügsamkeit leben, weil politische Bindungen alle Völker und Nationen vereinen und die Bande des Handels und der Industrie, der

Landwirtschaft und des Bildungswesens Tag für Tag stärker werden. Folglich ist die Einheit der ganzen Menschheit heutzutage erreichbar geworden. Wahrlich, dies ist nichts anderes als eines der Wunder dieses wunderbaren Zeitalters, dieses ruhmreichen Jahrhunderts. Die vergangenen Zeitalter waren all dessen beraubt, denn dieses Jahrhundert - das Jahrhundert des Lichtes - ist mit einzigartiger, unvergleichlicher Herrlichkeit, mit Macht und Erleuchtung ausgestattet worden. Schließlich wird man sehen, wie hell seine Lichtstrahlen in der Gemeinschaft der Menschen leuchten werden.«

»Seht, wie dieses Licht nun am dunklen Horizont der Welt zu dämmern beginnt! Der erste Lichtstrahl ist die Einheit im politischen Bereich; der allererste Schimmer davon lässt sich nunmehr erkennen. Der zweite Lichtstrahl ist die Einheit des Denkens in weltweiten Unternehmungen, die bald vollzogen werden wird. Der dritte Lichtstrahl ist die Einheit in der Freiheit, die sicherlich eintreten wird. Der vierte Lichtstrahl ist die Einheit in der Religion, der Eckstein, auf dem die Grundlage ruht; auch sie wird durch die Macht Gottes in ihrer ganzen Strahlenfülle offenbar werden. Der fünfte Lichtstrahl ist die Einheit der Nationen - eine Einheit, die in diesem Jahrhundert sicher begründet werden wird, so dass sich alle Völker der Welt als Bürger eines gemeinsamen Vaterlandes betrachten. Der sechste Lichtstrahl ist die Einheit der Rassen, die alle, die auf Erden wohnen, zu Völkern und Geschlechtern einer Rasse macht. Der siebte Lichtstrahl ist die Einheit der Sprache, d. h. die Wahl einer universalen Sprache, in der alle Menschen unterrichtet werden und miteinander verkehren. All dies wird unvermeidlich eintreten, weil die Macht des Reiches Gottes seine Verwirklichung fördern und unterstützen wird.«" (Shoghi Effendi, Die Weltordnung Bahá'u'lláhs, S. 63f., 1977) (K2/K3)

„*Das Feuer des Gottesgerichts*

So groß und weitreichend jene früheren Veränderungen auch gewesen sind - in ihrer richtigen Perspektive betrachtet, können sie doch nur als zweitrangige Anpassungsvorgänge erscheinen, als Vorspiel für diese Wandlung von unvergleichlicher Majestät und Reichweite, die die Menschheit in unserem Zeitalter erdulden muss. Dass nur die Kräfte einer Weltkatastrophe eine derart neue Phase menschlichen

Denkens vorantreiben können, wird leider immer deutlicher. Dass nichts Geringeres als das Feuer eines harten Gottesgerichts, heftiger als je zuvor, die uneinigen Elemente der heutigen Zivilisation zu sich ergänzenden Bestandteilen des künftigen Weltgemeinwesens verschweißen und verschmelzen kann, ist eine Wahrheit, die künftige Ereignisse immer mehr beweisen werden.

Die prophetische Stimme Bahá'u'lláhs warnte in den abschließenden Sprüchen der Verborgenen Worte »die Völker der Welt«, dass »unerwartete Trübsal sie verfolgt und schmerzhafte Vergeltung ihrer harrt«. Dies wirft in der Tat ein gespenstisches Licht auf die unmittelbaren Geschicke einer bekümmerten Menschheit. Nur eine Feuerprobe, aus der diese Menschheit geläutert und vorbereitet wiederersteht, kann ihr ein Gefühl für die Verantwortung einbrennen, welche die Führer eines neugeborenen Zeitalters auf ihre Schultern nehmen müssen. Zum wiederholten Male möchte ich ihre Aufmerksamkeit auf jene bedeutenden Worte Bahá'u'lláhs lenken, die ich bereits angeführt habe: »Und wenn die festgesetzte Stunde kommt, wird plötzlich erscheinen, was der Menschheit Glieder zittern macht.« Hat nicht 'Abdu'l-Bahá selbst in unzweideutiger Sprache versichert, dass »ein zweiter Krieg, grimmiger als der letzte, sicherlich ausbrechen wird«?" (Shoghi Effendi, Die Weltordnung Bahá'u'lláhs, S. 74f., 1977) (K2/K3)

„Was Wunder, dass nach 'Abdu'l-Bahás denkwürdigem Besuch im Westen aus derselben unfehlbaren Feder folgende oft zitierten Worte strömten, deren Bedeutung ich kaum zu überschätzen vermöchte: »Der amerikanische Erdteil«, so verkündet Er in einem Sendschreiben, das den in den nordöstlichen Staaten der amerikanischen Republik wohnenden Gläubigen Seinen Göttlichen Plan darstellt», ist in den Augen des einen wahren Gottes das Land, wo der Strahlenglanz Seines Lichtes offenbart, die Geheimnisse Seines Glaubens enthüllt, wo die Rechtschaffenen wohnen und die Freien sich versammeln werden.«" (Shoghi Effendi, Die Weltordnung Bahá'u'lláhs, S. 115, 1977) (K2/K3)

„... Der amerikanische Erdteil weist Zeichen und Beweise für überaus große Errungenschaften auf. Seine Zukunft ist noch verheißungsvoller, denn sein Einfluss und seine Erleuchtung sind weitreichend. Er wird

alle Nationen geistig führen.«" (Shoghi Effendi, Die Weltordnung Bahá'u'lláhs, S. 116, 1977) (K3)

„Kein Wunder, dass 'Abdu'l-Bahá diese prophetischen Worte offenbart hat: »Der Osten«, so versichert Er uns, »ist wahrlich vom Lichte des Reiches Gottes erleuchtet worden. Bald wird dieses selbe Licht noch größeren Glanz auf den Westen ergießen. Dann werden die Herzen seines Volkes belebt durch die Kraft der Lehren Gottes, und ihre Seelen werden glühen im unvergänglichen Feuer Seiner Liebe.« »Das Ansehen des Glaubens Gottes«, so bestätigt Er, »ist unermesslich gewachsen. Seine Größe ist nunmehr offenkundig. Der Tag naht, da er entsetzlichen Aufruhr in die Menschenherzen geworfen haben wird. Freuet euch darüber, o ihr Bewohner Amerikas, freuet euch mit jubelnder Freude!«" (Shoghi Effendi, Die Weltordnung Bahá'u'lláhs, S. 121, 1977) (K2/K3)

„Unter eurer liebenden Fürsorge, durch euren unaufhörlichen Einsatz muss jedes Korn dieser Saaten keimen und seine vorherbestimmte Frucht bringen. Bald wird euch ein Winter, streng wie nie zuvor, überkommen. Seine Wolken ziehen schnell am Horizont zusammen. Stürme werden euch von allen Seiten umtoben. Das Licht des Bündnisses wird durch meinen Weggang verdunkelt werden. Diese mächtigen Windstöße, diese winterliche Öde werden jedoch vergehen. Die schlummernde Saat wird zu frischer Tat aufbrechen. Sie wird ihre Keime treiben«, wird in machtvollen Institutionen ihre Blätter und Blüten zeigen. Die Frühlingsschauer, welche die sanften Segnungen meines himmlischen Vaters auf euch herabregnen lassen, werden diese zarte Pflanze befähigen, ihre Zweige weit über die Grenzen eures Heimatlandes hinaus in ferne Gebiete auszubreiten. Und schließlich wird die stetig steigende Sonne Seiner Offenbarung, wenn sie erst in ihrem Mittagsglanz erstrahlt, diesen machtvollen Baum Seines Glaubens in den Stand setzen, zur rechten Zeit auf eurem Felde seine goldenen Früchte zu bringen.

Der tiefere Sinn einer solchen Abschiedsbotschaft konnte 'Abdu'l-Bahás eingeweihten Jüngern nicht lange unentdeckt bleiben. Kaum hatte Er Seine lange, mühsame Reise quer durch Amerika und Europa beendet, da begannen sich bereits die furchtbaren Ereignisse zu offenbaren, auf die Er angespielt hatte. Eine Auseinandersetzung, wie

Er sie vorhergesagt hatte, trennte vorübergehend alle Mittel der Verständigung mit jenen, in die Er so grenzenlose Zuversicht gesetzt hatte und von denen Er so viel zurückerwartete. Die winterliche Öde mit all ihren Verheerungen und Blutbädern setzte ihren unbarmherzigen Lauf vier Jahre lang fort, während Er, zurückgezogen in die ruhige Einsamkeit Seines Wohnsitzes, dem heiligen Schreine Bahá'u'lláhs unmittelbar benachbart, fortfuhr, Seine Gedanken und Wünsche denen zu übermitteln, die Er zurückgelassen hatte und denen Er die einzigartigen Zeichen Seiner Gunst hatte zuteil werden lassen." (Shoghi Effendi, Die Weltordnung Bahá'u'lláhs, S. 131f., 1977) (K2/K3)

„Als weiteres Zeugnis für die Größe der Offenbarung Bahá'u'lláhs mögen hier folgende Auszüge aus einem von 'Abdu'l-Bahá an einen hervorragenden Zoroastrier-Bahá'í gerichteten Tablet Erwähnung finden: »Du hast geschrieben, es stehe in den heiligen Büchern der Anhänger Zarathustras, dass während der letzten Tage die Sonne in drei getrennten Sendungen zum Stillstand kommen müsse. In der ersten Sendung, so lautet die Voraussage, wird die Sonne zehn Tage lang bewegungslos verharren, in der zweiten doppelt so lange und in der dritten nicht weniger als einen vollen Monat. Die Auslegung dieser Prophezeiung ist, dass die erste Sendung, auf die sich diese Angaben beziehen, die Sendung Muhammads ist, während welcher die Sonne der Wahrheit zehn Tage hindurch still stand. Jeder der Tage zählt als ein Jahrhundert. Die Sendung Muhammads musste darnach zum mindesten tausend Jahre dauern, was auch genau die Zeit vom sinken des Sterns des Imamates bis zum Beginn der durch den Báb verkündeten Sendung ist. Die zweite Sendung, auf die diese Prophezeiung anspielt, ist die des Báb, die im Jahre 1260 d. H. anfing und im Jahre 1280 d. H. endete. Die Zeitdauer der dritten Sendung, der von Bahá'u'lláh verkündeten Offenbarung, wurde, da die Sonne der Wahrheit mit Erreichen dieses Standes in der Fülle ihres Mittagsglanzes leuchtet, mit einem vollen Monat angegeben, was die längste Zeit bedeutet, die die Sonne zum Durchlaufen eines Zeichens des Tierkreises benötigt. Hieraus kannst du die Größe des Bahá'í-Zyklusses ermessen, eines Zyklusses, der sich über einen Zeitraum von mindestens fünfhunderttausend Jahren erstrecken muss.«" (Shoghi Effendi, Die Weltordnung Bahá'u'lláhs, S. 154f., 1977) (K1/K3)

„*»Jahrhunderte, nein, ganze Zeitalter müssen vergehen«, so bestätigt Er in einem Seiner frühesten Sendschreiben, »ehe das Tagesgestirn der Wahrheit wieder in seinem Mittagsglanz leuchtet oder zum weiteren Male in prangendem Frühlingsschimmer aufgeht ...*" (Shoghi Effendi, Die Weltordnung Bahá'u'lláhs, S. 167, 1977) (K3)

„*... Bald wird der Tag erscheinen, da das Licht der göttlichen Einheit Osten und Westen so durchdrungen haben wird, dass fürder kein Mensch mehr wagen kann, es nicht zu beachten.« »Die Hand der göttlichen Macht hat in der Welt des Seins nunmehr den festen Grund für diese höchste Gabe und dieses wundersame Geschenk gelegt. Was immer im Innersten dieses heiligen Zyklus verborgen ruht, wird nach und nach erscheinen und geäußert werden, denn heute ist erst der Anfang seines Wachstums und die Morgenstunde der Offenbarung seiner Zeichen. Noch ehe dieses Jahrhundert und dieser Zeitabschnitt zu Ende gehen, wird klar und offenbar sein, wie wunderbar dieser Frühling und wie himmlisch dieses Geschenk war!«*

In Bestätigung der erhabenen Stufe des wahren Gläubigen, auf die sich Bahá'u'lláh bezog, offenbart Er folgendes: »Die Stufe, die der erreichen wird, der diese Offenbarung wahrhaft anerkennt, ist die gleiche, wie sie für diejenigen Propheten aus dem Hause Israel verordnet ist, die nicht als 'mit Beständigkeit begabte' Manifestationen angesehen werden.«

Bezüglich der Manifestationen, die auserwählt sind, auf die Offenbarung Bahá'u'lláhs zu folgen, gibt uns 'Abdu'l-Bahá diese bestimmte und gewichtige Erklärung: »Was die Manifestationen anbelangt, die künftig in den Schatten der Wolken herniedersteigen werden, so wisse wahrlich, dass sie, auf ihr Verhältnis zur Quelle ihrer Eingebung bezogen, unter dem Schatten der Urewigen Schönheit stehen. Doch in Beziehung zum jeweiligen Zeitalter, in dem sie erscheinen, wird jeder von ihnen 'tun, was immer Er will.'«

»O mein Freund!« so wendet Er sich in einem Seiner Sendschreiben an eine Persönlichkeit von anerkannter Autorität und Stellung, »das unauslöschliche Feuer, das vom Herrn des Königreiches in dem heiligen Baum entzündet wurde, brennt der Welt ungestüm im innersten Herzen. Die daraus erwachsende Feuersbrunst wird die

gesamte Erde umfassen, ihre Flamme die Völker und Geschlechter erleuchten. Alle Zeichen sind enthüllt, alle prophetischen Hinweise sind offenbar. Was immer in allen Schriften der Vergangenheit verborgen war, ist nun erschienen. Zu zweifeln oder zu zaudern ist künftighin nicht möglich ...«" (Shoghi Effendi, Die Weltordnung Bahá'u'lláhs, S. 168f., 1977) (K1/K2/K3)

"In der Súriy-i-Sabr, die bereits im Jahre 1863, genau am Tage Seiner Ankunft im Garten Ridván offenbart wurde, bestätigt Er: »Gott hat Seine Boten herniedergesandt, damit sie auf Moses und Jesus folgten, und Er wird fortfahren, so zu tun bis an das `Ende, das kein Ende hat`, auf dass Seine Gnade aus dem Himmel göttlicher Freigebigkeit fortwährend auf die Menschheit komme.«

»Ich hege keine Befürchtungen um Meinetwillen«, betont Bahá'u'lláh noch stärker, »Ich fürchte nur für Ihn, der nach Mir zu euch herabgesandt wird - für Ihn, der mit viel Hoheit und gewaltiger Herrschaft ausgestattet sein wird.« Und wieder schreibt Er in der Súratu'l-Haykal: »Jene Worte, die Ich offenbart habe, beziehen sich nicht auf Mich, sondern auf Ihn, der nach Mir kommt. Gott, der Allwissende, ist mein Zeuge!« »Verfahret nicht mit Ihm «, fügt Er hinzu, »wie ihr mit Mir verfahren.«" (Shoghi Effendi, Die Weltordnung Bahá'u'lláhs, S. 177f., 1977) (K1/K3)

"»Wer vor dem Ablauf eines vollen Jahrtausends Anspruch auf eine unmittelbare Offenbarung Gottes erhebt«, so lautet die im Kitáb-i-Aqdas geäußerte ausdrückliche Warnung, »der ist fürwahr ein lügnerischer Betrüger. Wir bitten Gott, dass Er ihm gnädig beistehe, damit er einen solchen Anspruch widerrufe und verwerfe. Sofern er bereut, wird Gott ihm ohne Zweifel vergeben. Wenn er jedoch in seinem Irrtum beharrt, wird Gott gewisslich jemanden herabsenden, der unbarmherzig mit ihm verfährt, denn furchtbar, in der Tat, ist Gott in Seiner Strafe!« »Wer immer diesen Vers«, so fügt Er um des stärkeren Nachdrucks willen hinzu, »anders auslegt, als sein klarer Sinn ist, der beraubt sich des Geistes Gottes und Seiner alles Erschaffene umfassenden Gnade.« »Sollte ein Mensch«, so lautet eine andere entscheidende Erklärung, »bevor noch volle tausend Jahre vorbei sind, auftreten - jedes der Jahre zu zwölf Monaten nach dem Koran und zu neunzehn Monaten zu neunzehn Tagen nach dem Bayán

gerechnet - und sollte gleich ein solcher Mensch vor euren Augen alle Zeichen Gottes offenbaren, so sollt ihr ihn doch ohne Zögern von euch weisen.«" (Shoghi Effendi, Die Weltordnung Bahá'u'lláhs, S. 192f., 1977) (K3)

„»Bald«, so verkünden es Bahá'u'lláhs eigene Worte, »wird die Ordnung des heutigen Tages aufgerollt und eine neue an ihrer Statt verbreitet werden. Wahrlich, dein Herr spricht die Wahrheit, und Er weiß um das Ungeschaute.« »Bei Meinem Selbst!« erklärt Er feierlich, »der Tag naht, da Wir die Welt und alles, was darinnen ist, aufgerollt und eine neue Ordnung am ihrer Statt verbreitet haben werden. Er ist, wahrlich, mächtig über alle Dinge.« »Die Welt«, erläutert Er, »ist aus dem Gleichgewicht geraten durch die Schwungkraft dieser größten, dieser neuen Weltordnung. Das geregelte Leben der Menschheit ist aufgewühlt durch das Wirken dieses einzigartigen, dieses wundersamen Systems, desgleichen kein sterbliches Auge je gesehen hat.« »Die Zeichen drohender Erschütterungen und des Chaos«, so warnt Er die Völker der Welt, »sind jetzt deutlich zu sehen, zumal die herrschende Ordnung erbärmlich mangelhaft erscheint.«" (Shoghi Effendi, Die Weltordnung Bahá'u'lláhs, S. 230f., 1977) (K2/K3)

„'Abdu'l-Bahás verbürgte Erklärungen sollten gleichfalls ins Gedächtnis gerufen werden, da sie nicht weniger nachdrücklich die beispiellose Unermesslichkeit der Sendung Bahá'u'lláhs bestätigen. »Jahrhunderte«, bekräftigt Er in einem Seiner Sendschreiben, »nein, ungezählte Zeitalter müssen vergehen, ehe das Tagesgestirn der Wahrheit wieder in seiner hochsommerlichen Pracht erstrahlt oder aufs Neue im Glanze frühlingsfrischer Herrlichkeit scheint (vgl. S. 167) ... Allein die innere Schau der Sendung, die von der Gesegneten Schönheit eingeleitet wurde, konnte genügen, die Heiligen vergangener Zeitalter zu verzücken - Heilige, die sich danach sehnten, auch nur für einen Augenblick an seiner großen Herrlichkeit teilzuhaben.«

»Was jene Manifestationen angeht, die zukünftig `in den Schatten der Wolken` herniederkommen werden«, bestätigt Er in noch deutlicherer Sprache, »so wisse wahrlich, dass sie in ihrer Beziehung zur Quelle ihrer Eingebung unter dem Schatten der Altehrwürdigen Schönheit

stehen. Jedoch in ihrer Beziehung zu dem Zeitalter, in dem sie erscheinen, tut jeder von ihnen, `was immer Er will.`« ...

»*Die Höhen*«, bezeugt Bahá'u'lláh selbst, »*die durch Gottes huldvollste Gnade der sterbliche Mensch an diesem Tag erreichen kann, sind seinem Blick bis jetzt verborgen. Noch nie hat die Welt des Seins die Fassungskraft für eine solche Offenbarung besessen und besitzt sie auch heute nicht. Der Tag naht jedoch heran, da die Möglichkeiten einer so großen Gunst kraft Seines Geheißes den Menschen offenbart werden.*«

Für die Offenbarung einer so großen Gunst scheint eine Übergangszeit schlimmer Unruhen und weit verbreiteter Leiden unausweichlich. So glänzend das Zeitalter war, das den Beginn der Bahá'u'lláh anvertrauten Sendung miterlebte, wird doch in wachsendem Maße offenkundig, dass die Zeitspanne, die zu verstreichen hat, ehe jenes Zeitalter seine köstlichste Frucht trägt, von sittlicher und gesellschaftspolitischer Finsternis überschattet sein muss, weil nur so eine unbußfertige Menschheit auf das reiche Erbe vorbereitet wird, das sie antreten soll.

In eine solche Übergangszeit gleiten wir jetzt stetig und unwiderstehlich hinein. ... Berufen, das Wirken dunkler Mächte, welche eine Flut lähmender Heimsuchungen auszulösen bestimmt sind, am eigenen Leibe zu erfahren, können wir wohl glauben, dass die finsterste Stunde, die dem Anbruch des Goldenen Zeitalters unseres Glaubens vorangehen muss, noch nicht geschlagen hat. So undurchdringlich das Düster ist, das die Welt bereits umgibt, ist doch das Gottesgericht, das diese Welt erwartet, erst in Vorbereitung, und keiner kann sich bereits vorstellen, wie finster es werden wird. Wir stehen an der Schwelle eines Zeitalters, dessen Zuckungen zugleich die Todesqualen der alten Ordnung und die Geburtswehen der neuen künden. Durch den zeugenden Einfluss des von Bahá'u'lláh gestifteten Glaubens ist, so kann man sagen, diese neue Weltordnung empfangen worden. Wir können gegenwärtig ihre Bewegungen im Mutterleib eines kreißenden Zeitalters wahrnehmen - eines Zeitalters, das auf die festgesetzte Stunde wartet, in der es seine Last abwerfen und seine schönste Frucht erbringen kann.

»Die ganze Erde«, schreibt Bahá'u'lláh, »ist jetzt in einem Zustand der Trächtigkeit. Der Tag naht heran, da sie ihre edelsten Früchte zeitigt, da ihr die stattlichsten Bäume, die köstlichsten Blüten, die himmlischsten Segnungen entsprießen. ..." (Shoghi Effendi, Die Weltordnung Bahá'u'lláhs, S. 239-242, 1977) (K1/K2/K3)

„Schließlich finden wir im Lawh-i-Ra'ís die folgenden prophetischen Worte aufgezeichnet: »Höre, o Anführer, ... auf die Stimme Gottes, des Herrschers, des Helfers in Gefahr, des Selbstbestehenden ... Du hast begangen, o Anführer, was Muhammad, den Gesandten Gottes, im Erhabensten Paradiese aufstöhnen ließ. Die Welt hat dich so stolz gemacht, dass du dich abkehrtest von dem Angesicht, dessen Glanz die Himmlischen Heerscharen erleuchtet hat. Bald wirst du offenkundig verloren sein ... Der Tag naht heran, da das Land der Geheimnisse (Adrianopel) und seine Umgebung verwandelt und den Händen des Königs entgleiten werden. Aufruhr wird entstehen, die Stimme des Wehklagens wird erschallen, und die Zeichen des Unheils werden überall offenbar werden, und Verwirrung wird sich ausbreiten um dessentwillen, was diesen Gefangenen zugestoßen ist von den Scharen der Unterdrücker. Der Lauf der Dinge wird sich ändern, und die Zustände werden so drückend werden, dass sogar die Sandkörner auf den öden Hügeln stöhnen und die Bäume auf den Bergen weinen werden, und Blut wird überall fließen. Dann wirst du das Volk in schmerzlichem Elend schauen.«

...

Der Wortlaut gewisser Überlieferungen von Muhammad, deren Echtheit die Muslime selbst anerkennen und die von bedeutenden Bahá'í-Gelehrten und -Schriftstellern ausführlich zitiert worden sind, wird den Beweis erhärten und den Gegenstand beleuchten, den ich zu erläutern versuche: »In den letzten Tagen wird schwere Trübsal Mein Volk von seinen Herrschern her befallen, so schlimm, dass keiner je Schlimmeres hörte. So heftig wird sie sein, dass niemand Zuflucht finden kann. Dann wird Gott einen Meiner Nachkommen, einen Spross Meiner Familie herniedersenden, und Er wird die Erde mit Redlichkeit und Gerechtigkeit erfüllen, wie sie mit Ungerechtigkeit und Tyrannei gefüllt gewesen ist.« Und weiterhin: »Eines Tages wird Mein Volk bezeugen, dass vom Islám nichts weiter geblieben ist als ein Name und vom Koran nichts als bloße Erscheinung. Die Schriftgelehrten jener Zeit werden die schlimmsten sein, die die Welt je gesehen hat. Unheil ist von ihnen ausgegangen, und auf sie wird es zurückfallen.« Und ein andermal: »Zu jener Stunde wird Sein Fluch auf euch herabkommen, und euer Fluch wird euch heimsuchen, und eure Religion wird ein leeres Wort auf eurer Zunge bleiben. Und wenn diese Zeichen unter euch erscheinen, dann erwartet den Tag, da der rotglühende Wind über euch hinjagt, oder den Tag, da ihr verunstaltet werdet oder da Steine auf euch herabregnen.«

»O Volk des Korans«, so bezeugt Bahá'u'lláh bedeutungsschwer, an die vereinten Kräfte des sunnitischen und des shí'itischen Islám gewandt, »wahrlich, der Prophet Gottes, Muhammad, vergießt Tränen beim Anblick eurer Grausamkeit. Zweifellos seid ihr euren üblen und verderbten Lüsten gefolgt und habt euer Gesicht vom Lichte der Führung abgekehrt. Bald werdet ihr die Folgen eurer Taten bezeugen; denn der Herr, Mein Gott, ist auf der Hut und wacht über euer Verhalten ... O Schar der Muslim-Geistlichen! Eure Taten haben die erhabene Stufe des Volkes erniedrigt, das Banner des Islám umgestoßen und seinen mächtigen Thron gestürzt.«" (Shoghi Effendi, Die Weltordnung Bahá'u'lláhs, S. 256-258, 1977) (K1/K2/K3)

„Unerbittlich muss der Prozess der Auflösung weitergehen, muss seinen ätzenden Einfluss immer tiefer ins Mark eines hinfälligen Zeitalters hineintreiben. Viel Leid wird nötig sein, ehe die streitenden Nationen, Bekenntnisse, Klassen und Rassen der Menschheit im Schmelztiegel weltweiter Heimsuchung verschmolzen und im Feuer eines grimmigen Gottesgerichts zu einem organischen Gemeinwesen, einem großen, geeinten, harmonisch arbeitenden System geschmiedet sein werden. Unvorstellbar schreckliche Not, ungeahnte Krisen und Aufstände, Krieg, Hunger und Pestilenz mögen sich wohl vereinen, um in die Seele eines achtlosen Geschlechts jene Wahrheiten und Grundsätze einzugraben, die anzuerkennen und zu befolgen es verschmäht hat. Eine Lähmung, schmerzlicher als jede, die sie bis jetzt erlitten hat, muss das Gewebe einer zerbrochenen Gesellschaft durchschaudern und heimsuchen, ehe sie neu erbaut und wiedergeboren werden kann." (Shoghi Effendi, Die Weltordnung Bahá'u'lláhs, S. 281, 1977) (K2/K3)

„Welteinheit ist das Ziel

Die Vereinigung der ganzen Menschheit ist das Kennzeichen der Stufe, der sich die menschliche Gesellschaft heute nähert. Die Einheit der Familie, des Stammes, des Stadtstaates und der Nation ist nacheinander in Angriff genommen und völlig erreicht worden. Welteinheit ist das Ziel, dem eine gequälte Menschheit zustrebt. Der Aufbau von Nationalstaaten ist zu einem Ende gekommen. Die Anarchie, die der nationalstaatlichen Souveränität anhaftet, nähert sich heute einem Höhepunkt. Eine Welt, die zur Reife heranwächst, muss diesen Fetisch aufgeben, die Einheit und Ganzheit der menschlichen Beziehungen erkennen und ein für allemal den Apparat aufrichten, der diesen Leitgrundsatz ihres Daseins am besten zu verkörpern vermag. ...

Die Einheit des Menschengeschlechts, wie sie Bahá'u'lláh vorausschaut, umschließt die Begründung eines Weltgemeinwesens, in welchem alle Nationen, Rassen, Glaubensbekenntnisse und Klassen eng und dauerhaft vereint, die Autonomie seiner nationalstaatlichen Glieder sowie die persönliche Freiheit und Selbständigkeit der einzelnen Menschen, aus denen es gebildet ist, ausdrücklich und völlig gesichert sind. Dieses Gemeinwesen muss, soweit wir es uns vorstellen können, aus einer Weltlegislative bestehen, deren Mitglieder als Treuhänder der ganzen Menschheit die gesamten Hilfsquellen aller Mitgliedstaaten überwachen. Sie muss die erforderlichen Gesetze geben, um das Leben aller Rassen und Völker zu steuern, ihre Bedürfnisse zu befriedigen und ihre wechselseitigen Beziehungen anzupassen. Eine Weltexekutive, gestützt auf eine internationale Streitmacht, wird die Beschlüsse jener Weltlegislative ausführen, deren Gesetze anwenden und die organische Einheit des ganzen Gemeinwesens sichern. Ein Weltgerichtshof wird seine bindende, endgültige Entscheidung in sämtlichen Streitfragen, die zwischen den vielen Gliedern dieses allumfassenden Systems auftreten können, fällen und zustellen. Ein Netzwerk weltweiter Kommunikation wird ersonnen werden; es wird den ganzen Erdball umspannen und, von allen nationalen Hindernissen und Beschränkungen frei, mit wunderbarer Schnelligkeit und vollkommener Pünktlichkeit ablaufen. Eine Welthauptstadt wird als Nervenzentrum einer Weltzivilisation und als Brennpunkt wirken, in dem die einigenden Lebenskräfte zusammenlaufen und von dem ihre Kraft bringenden Einflüsse ausstrahlen werden. Eine Weltsprache wird entweder geschaffen oder unter den bestehenden Sprachen ausgewählt und in den Schulen aller verbündeten Nationen als ein Hilfsmittel neben der jeweiligen Muttersprache gelehrt werden. Eine Weltschrift, eine Weltliteratur, ein einheitliches, allumfassendes Währungs-, Gewichts- und Maßsystem werden den Verkehr und die Verständigung unter den Nationen und Rassen der Menschheit vereinfachen und erleichtern. In dieser Weltgesellschaft werden Wissenschaft und Religion, die beiden gewaltigsten Kräfte im menschlichen Leben, in Einklang gebracht sein; sie werden zusammenwirken und sich harmonisch entwickeln. Die Presse wird in einem solchen System der Darlegung der verschiedenen Ansichten und Überzeugungen der Menschheit vollen Spielraum gewähren, aber nicht mehr durch althergebrachte Interessen, seien sie persönlicher oder allgemeiner Natur, unheilvoll gelenkt sein; vom Einfluss streitender Regierungen und Völker wird sie befreit sein. Die wirtschaftlichen Hilfsmittel der Welt werden organisiert, ihre Rohstoffquellen erschlossen und restlos nutzbar gemacht, ihre Märkte aufeinander abgestimmt und entwickelt, die Verteilung ihrer Erzeugnisse unparteiisch geregelt werden.

Nationale Rivalität, Hass und Intrigen werden aufhören, Feindseligkeiten und Rassenvorurteile werden durch Freundschaft, Verständigung und Zusammenarbeit ersetzt werden. Die Ursachen religiöser Zwistigkeiten werden für immer aus dem Wege geräumt werden; wirtschaftliche Schranken und Hindernisse werden völlig beseitigt, der maßlose Klassenunterschied verwischt werden. Mangel auf der einen Seite und unmäßige Anhäufung von Eigentumsrechten auf der anderen Seite werden verschwinden. Die ungeheuren Kräfte, die für die wirtschaftliche oder politische Kriegsführung verzettelt und vergeudet werden, fließen Zwecken zu, welche die Reichweite menschlicher Erfindungen erweitern, die technische Entwicklung fördern, die Produktivität der Menschheit steigern, Krankheiten ausrotten, wissenschaftliche Forschungen ausdehnen, den körperlichen Gesundheitszustand heben, den menschlichen Verstand schärfen und verfeinern, die ungenutzten, ungeahnten Hilfsquellen dieser Erde ausbeuten, das menschliche Dasein verlängern und jedwedes andere Mittel fördern, welches das verstandliche, sittliche und geistige Leben des ganzen Menschengeschlechts anzuregen vermag.

Ein Weltbundsystem, das die ganze Erde beherrscht und unanfechtbare Amtsgewalt über ihre unvorstellbar großen Hilfsquellen hat, das die Ideale sowohl des Ostens wie auch des Westens verkörpert und in Einklang bringt, vom Fluch und Elend des Krieges befreit und auf die Ausnützung aller verfügbaren Kraftquellen der Erdoberfläche bedacht ist, ein System, in dem die Gewalt zur Dienerin der Gerechtigkeit gemacht ist, dessen Leben von der allumfassenden Anerkennung eines Gottes und vom Gehorsam gegen eine gemeinsame Offenbarung getragen ist - dies ist das Ziel, dem die Menschheit, durch die vereinenden Lebenskräfte angetrieben, zustrebt. »Eines der großen Ereignisse«, bekräftigt 'Abdu'l-Bahá, »welches sich am Tage der Offenbarung jenes unvergleichlichen Zweiges zuträgt, ist das Aufpflanzen des Banners Gottes unter allen Nationen. Damit ist gemeint, dass alle Nationen und Geschlechter im Schatten dieses göttlichen Banners, welches nichts anderes als der Zweig des Herrn selbst ist, versammelt und zu einer einzigen Nation verschmolzen werden. Religiöser und sektiererischer Gegensatz, Rassen- und Völkerfeindschaft, Streitigkeiten zwischen den Nationen werden ausgemerzt werden. Alle Menschen werden einer Religion angehören, werden einen gemeinsamen Glauben haben, werden zu einer einzigen Rasse vermischt und ein einziges Volk werden. Alle werden in einem gemeinsamen Vaterland wohnen, und das ist der Erdball als Ganzes.« »Nunmehr hat in der Welt des Seins«, so erklärt Er weiter, »die Hand göttlicher Macht die Grundlagen dieser allerhöchsten Gnadengabe fest begründet. Was auch im Innersten dieses heiligen Zyklus verborgen ruht, es wird allmählich erscheinen und offenbar gemacht werden; denn jetzt ist erst der Beginn seines Wachstums und der Morgen der Offenbarung seiner Zeichen. Noch vor dem Ende dieses Jahrhunderts und dieses Zeitalters wird klar und augenscheinlich gemacht sein, wie wundersam jene Frühlingszeit war und wie himmlisch jene Gabe.«

Nicht weniger fesselnd ist die Vision Jesajas, des größten der jüdischen Propheten, der schon vor zweitausendfünfhundert Jahren die Bestimmung vorausschaute, zu der die Menschheit im Zustand ihrer Reife gelangen muss: »Und Er (der Herr) wird richten unter den

Nationen und strafen viele Völker. Da werden sie ihre Schwerter zu Pflugscharen und ihre Speere zu Sicheln machen. Denn kein Volk wird das Schwert gegen das andere erheben, und sie werden hinfort nicht mehr die Kriegskunst lernen ... Und es wird ein Reis aufgehen aus Isais Stamm und ein Schössling aus seinen Wurzeln hervorbrechen ... Und er wird die Erde schlagen mit dem Stabe seines Mundes und mit dem Odem seiner Lippen den Frevler töten. Gerechtigkeit wird der Gurt seiner Lenden sein und Glaube der Gurt seiner Hüften. Der Wolf wird beim Lamme wohnen, und der Parder wird lagern beim Böcklein. Das Kalb und der junge Löwe und das Mastvieh sind beisammen ... Und der Säugling wird spielen am Loch der Natter, und ein Entwöhnter wird seine Hand in die Höhle des Basilisken stecken. Nirgends wird man Schaden tun noch verderben auf meinem ganzen heiligen Berge; denn das Land wird voll sein der Erkenntnis des Herrn, wie die Wasser das Meer bedecken.«

Der Verfasser der Apokalypse legt, die tausendjährige Herrlichkeit einer erlösten, frohlockenden Menschheit vorstellend, ein ähnliches Zeugnis ab: »Und ich sah einen neuen Himmel und eine neue Erde, denn der erste Himmel und die erste Erde sind vergangen; auch das Meer ist nicht mehr. Und ich, Johannes, sah die Heilige Stadt, das neue Jerusalem, herniedersteigen aus dem Himmel von Gott her, gekleidet wie eine Braut, die geschmückt ist für ihren Mann. Und ich hörte eine laute Stimme vom Himmel herrufen: `Sehet, das Zelt Gottes unter den Menschen! Er wird wohnen bei ihnen, und sie werden sein Volk sein, und Gott selbst wird bei ihnen sein als ihr Gott. Und Gott wird alle Tränen wegwischen von ihren Augen; der Tod wird nicht mehr sein und nicht Trauer und Klage und Mühsal; denn das Frühere ist vergangen.`«

Wer könnte bezweifeln, dass solche Vollendung - die Volljährigkeit des Menschengeschlechts - ihrerseits den Beginn einer Weltkultur bezeichnen muss, wie sie noch kein sterbliches Auge je gesehen, kein menschlicher Geist je erfasst hat? Wer ist da, der sich die erhabene Stufe vorstellen könnte, die eine solche Kultur in dem Maße, wie sie sich entfaltet, zu erreichen bestimmt ist? Wer kann die Höhen ermessen, zu denen sich der menschliche Verstand aufschwingen wird, wenn er erst von seinen Fesseln befreit ist? Wer kann die Reiche schauen, die der Menschengeist entdecken wird, nachdem er von dem strömenden Licht Bahá'u'lláhs in der Fülle seiner Herrlichkeit belebt sein wird?

Welchen passenderen Abschluss gäbe es für dieses Thema als diese Worte Bahá'u'lláhs, die Er in der Vorausschau auf das Goldene Zeitalter Seines Glaubens schrieb, das Zeitalter, da das Antlitz der Erde von Pol zu Pol den unbeschreiblichen Strahlenglanz des Paradieses Abhá widerspiegeln wird? »Dies ist der Tag, da nichts als der Glanz des Lichtes zu sehen ist, der vom Antlitz deines Herrn, des Gnädigen, des Mildtätigsten, leuchtet. Wahrlich, Wir haben jede Seele verhauchen lassen kraft Unserer unwiderstehlichen, allunterwerfenden Herrschaft. Wir haben sodann eine neue Schöpfung ins Dasein gerufen, als ein Zeichen unserer Gnade für die Menschen. Ich bin wahrlich der Allgütige, der Altehrwürdige der Tage. Dies ist der Tag, da die unsichtbare Welt ausruft: `Groß ist deine Glückseligkeit, o Erde, denn du bist zum Schemel deines Gottes gemacht und zum Sitz Seines mächtigen Thrones erkoren!` Das Reich der Herrlichkeit ruft laut: `Könnte doch mein Leben ein Opfer für dich sein, denn Er, der Geliebte des Allerbarmers, hat auf dir Seine Herrschaft errichtet durch die Macht Seines Namens, der allen Dingen, den vergangenen wie den künftigen, verheißen worden ist.`«

Shoghi, Haifa, Palästina, 11. März 1936" (Shoghi Effendi, Die Weltordnung Bahá'u'lláhs, S. 295-302, 1977) (K1/K2/K3)

„*»Der amerikanische Kontinent«, so schrieb Er bedeutungsvoll, »ist in den Augen des einen wahren Gottes das Land, in dem der Glanz Seines Lichtes geoffenbart werden wird, wo die Geheimnisse Seines Glaubens enthüllt, die Gerechten verweilen und die Freien sich versammeln werden.«*

... Auf welches andere Licht könnten diese oben angeführten Worte denn anspielen, wenn nicht auf das Licht der Herrlichkeit des Goldenen Zeitalters durch den Glauben Bahá'u'lláhs? Welche anderen Geheimnisse könnte 'Abdu'l-Bahá im Sinn gehabt haben als die Geheimnisse jener embryonischen Weltordnung, die nun in der Gießform Seiner Administration entsteht? Welche andere Gerechtigkeit als die Gerechtigkeit, deren Herrschaft nur jenes Zeitalter und jene Ordnung errichten kann?" (Shoghi Effendi, Das

Kommen Göttlicher Gerechtigkeit, S. 15f., 1969) (Anfang mit Zitat v. Abdu'l-Bahá) (K3)

„ »*In dem Augenblick«, so schrieb 'Abdu'l-Bahá, »da diese Göttliche Botschaft durch die amerikanischen Gläubigen über die Küsten Amerikas hinausgetragen und durch die Kontinente Europas, Asiens, Afrikas und Australasiens bis hin zu den Inseln des Pazifiks verbreitet ist, wird sich diese Gemeinde fest gegründet auf dem Thron einer immerwährenden Herrschaft finden.«* " (Shoghi Effendi, Das Kommen Göttlicher Gerechtigkeit, S. 25, 1969) (K3)

„*... und nicht zuletzt die vielfältigen Probleme, denen wir uns stellen, die Hindernisse, die überwunden und die Verantwortungen, die übernommen werden müssen, um einen hart geprüften Glauben zu befähigen, durch die aufeinander folgenden Stadien strengster Verborgenheit, aktiver Unterdrückung und völliger Mündigkeit hindurchzugehen. Dies wird wiederum dazu führen, dass er als unabhängige Religion anerkannt werden und völlige Gleichberechtigung mit seinen Schwesterreligionen genießen wird. Seine Bestätigung und Anerkennung als Staatsreligion muss folgen, welche ihrerseits den Weg frei macht für die Übernahme der mit dem Bahá'í-Staat verbundenen Rechte und Hoheitsrechte, welcher in eigener Machtvollkommenheit handelt, eine Stufe, die zuletzt ihren Höhepunkt in der Entstehung des weltweiten Bahá'í-Commonwealth findet, das völlig beseelt vom Geist und ausschließlich in unmittelbarer Übereinstimmung mit den Gesetzen und Prinzipien Bahá'u'lláhs wirkt.*" (Shoghi Effendi, Das Kommen Göttlicher Gerechtigkeit, S. 27f., 1969) (K2/K3)

„ »*Wisse wahrlich«, so bekräftigt Er bedeutungsvoll, »diese großen Heimsuchungen, die über die Welt gekommen sind, bereiten sie vor auf das Kommen der Größten Gerechtigkeit.«* " (Shoghi Effendi, Das Kommen Göttlicher Gerechtigkeit, S. 46, 1969) (Zitat v. Bahá'u'lláh) (K2/K3)

„ »*Diese Frage der Vereinigung der Weißen und Schwarzen ist sehr wichtig«, so warnt Er, »denn wenn sie nicht klar erkannt wird, werden sich binnen kurzem große Schwierigkeiten erheben, die schmerzliche Folgen nach sich ziehen.«* »*Wenn auf diesem Gebiet eine Änderung nicht eintritt«, lautet eine weitere Warnung, »wird die*

Feindschaft täglich anwachsen, und das Ergebnis wird schließlich große Not sein und leicht in Blutvergießen enden.«

Von beiden Rassen ist eine ungeheure Anstrengung erforderlich, wenn ihre Anschauung, ihr Benehmen und ihr Verhalten in diesem dunklen Zeitalter den Geist und die Lehren des Glaubens Bahá'u'lláhs widerspiegeln sollen. Indem sie ein für allemal die irreführende Lehre rassischer Überlegenheit mit all den sie begleitenden Übeln, der Verwirrung und dem Elend aufgeben, die Vermischung der Rassen begrüßen und bejahen und die Schranken, die sie jetzt trennen, niederreißen, sollte jede von ihnen sich Tag und Nacht bemühen, ihre besondere Verantwortung in der gemeinsamen Aufgabe zu erfüllen, die sich ihnen so eindringlich darbietet. Bei ihren Versuchen, ihren Teil zur Lösung dieses verworrenen Problems beizutragen, sollten sie der Warnungen 'Abdu'l-Bahás eingedenk sein und sich, solange noch Zeit ist, die schrecklichen Folgen vergegenwärtigen, die nicht ausbleiben können, falls dieser herausfordernden, unglücklichen Situation, der das ganze amerikanische Volk gegenübersteht, nicht endgültig abgeholfen wird." (Shoghi Effendi, Das Kommen Göttlicher Gerechtigkeit, S. 65, 1969) (Anfang mit Zitat v. Abdu'l-Bahá) (K2/K3)

„Sie werden bald erfahren, wie ihr Glaube angegriffen, ihre Motive missdeutet, ihre Ziele verleumdet, ihre Bestrebungen verhöhnt, ihre Einrichtungen verlacht, ihr Einfluss geschmälert, ihr Ansehen untergraben und ihre Sache hie und da von einigen verlassen werden, die entweder unfähig sind, ihre Ideale zu würdigen, oder nicht willens, die Wucht der wachsenden Kritik zu ertragen, die solch eine Auseinandersetzung sicherlich mit sich bringt. »Abdu'l-Bahás wegen«, hat der geliebte Meister vorhergesagt, »werdet ihr von manchen Prüfungen heimgesucht werden. Kummer wird euch befallen, und Leiden werden euch betrüben.«

... Selbst in dem Land, in dem die größten Kämpfe um den Glauben ausgefochten wurden und seine wildesten Feinde lebten, hatten der Gang der Ereignisse, das langsame doch stetige Einsickern seiner Ideale und die Erfüllung seiner Prophezeiungen bereits zur Folge, dass nicht nur einige seiner schärfsten Gegner entwaffnet und ihr Charakter gewandelt wurden, sondern auch ihre tiefe und

vorbehaltlose Ergebenheit gegenüber seinen Gründern gefestigt wurden." (Shoghi Effendi, Das Kommen Göttlicher Gerechtigkeit, S. 68f., 1969) (K2/K3)

„*»Eine der wichtigen Fragen«, hat Er ebenfalls niedergeschrieben, »welche die Einheit und den Zusammenschluss der Menschheit beeinflussen, ist die Kameradschaft und die Gleichberechtigung der weißen und farbigen Rassen.« »Ihr müsst den Indianern, den Ureinwohnern Amerikas, große Bedeutung beimessen«, schreibt 'Abdu'l-Bahá in den Tablets des Göttlichen Planes, »denn diese Seelen können mit den alten Einwohnern der arabischen Halbinsel verglichen werden, die vor der Offenbarung Muhammads gleich Wilden waren. Als das Licht Muhammads in ihrer Mitte erstrahlte, wurden sie so entflammt, dass ihr Leuchten die ganze Welt überstrahlte. Sollten diese Indianer erzogen und richtig geführt werden, so besteht kein Zweifel, dass sie in gleicher Weise durch die Göttlichen Lehren so erleuchtet werden, dass die ganze Erde erhellt wird.« ... »So Gott will«, hat Er wieder in jenen gleichen Tablets geschrieben, »wird der Ruf des Königreiches die Ohren der Eskimos erreichen ... Solltet ihr eure Kräfte entfalten, so dass die Düfte Gottes unter den Eskimos verbreitet werden, wird dessen Wirkung sehr groß und weitreichend sein.«*

»Preis sei Gott!« schreibt 'Abdu'l-Bahá. »Was immer in den Gesegneten Tablets für die Israeliten angekündigt wurde und alle in den Briefen 'Abdu'l-Bahás ausdrücklich niedergelegten Dinge erfüllen sich. Mit einigen ist dies schon geschehen; andere werden in der Zukunft offenbar. Die Altehrwürdige Schönheit hat in Ihren heiligen Tablets ausdrücklich geschrieben, dass der Tag ihrer Demütigung vorüber ist. Seine Gnade wirft ihren Schatten über sie und diese Rasse wird Tag für Tag Fortschritte machen und aus ihrer Jahrhunderte langen Erniedrigung und Herabwürdigung befreit werden.«" (Shoghi Effendi, Das Kommen Göttlicher Gerechtigkeit, S. 88f., 1969) (Zitate v. Abdu'l-Bahá) (K2/K3)

„In einem anderen Tablet des Göttlichen Planes hat Er versichert: *»Das Dominion von Kanada hat eine sehr große Zukunft und die damit verbundenen Ereignisse sind unendlich herrlich. Das Auge der liebenden Güte Gottes ist darauf gerichtet, und in ihm wird die Gunst* *des Allherrlichen offenbar werden.« »Noch einmal wiederhole ich«, so bestätigt Er Seine vorhergehende Aussage in demselben Tablet, »dass die Zukunft Kanadas, sei es in materieller oder geistiger Hinsicht, sehr groß ist.«"* (Shoghi Effendi, Das Kommen Göttlicher Gerechtigkeit, S. 92, 1969) (Zitate v. Abdu'l-Bahá) (K3)

„»Alle die obigen Länder sind von Wichtigkeit, besonders gilt dies aber für die Republik Panama, in der der Atlantische und der Pazifische Ozean durch den Panamakanal verbunden sind. Sie ist ein Zentrum für die Reise und die Durchfahrt von Amerika nach anderen Kontinenten der Welt, und in der Zukunft wird ihr größte Bedeutung zukommen.«

Weiter schrieb Er: »Ihr müsst ferner der Republik Panama große Aufmerksamkeit widmen, denn an diesem Punkt sind Okzident und Orient durch den Panamakanal vereint, auch liegt sie zwischen zwei großen Ozeanen. Dieser Bereich wird in Zukunft sehr wichtig werden. Die Lehren werden, wenn sie dort einmal Fuß gefasst haben, den Osten und Westen, den Norden und Süden verbinden.«" (Shoghi Effendi, Das Kommen Göttlicher Gerechtigkeit, S. 110f., 1969) (Zitate v. Abdu'l-Bahá) (K3)

„»Der Tag naht heran, an dem Gott durch einen Willensakt ein Menschengeschlecht erwecken wird, dessen Wesen für alle außer Gott, dem Allgewaltigen, dem Selbstbestehenden, unergründlich ist.»" (Shoghi Effendi, Das Kommen Göttlicher Gerechtigkeit, S. 133, 1969) (Zitat v. Bahá'u'lláh) (K3)

„... Der amerikanische Kontinent zeigt Zeichen und Beweise sehr großen Fortschrittes. Seine Zukunft verspricht noch viel mehr, denn sein Einfluss und seine Erleuchtung sind weitreichend. Er wird alle Nationen geistig führen.«" (Shoghi Effendi, Das Kommen Göttlicher Gerechtigkeit, S. 134, 1969) (Zitat v. Abdu'l-Bahá) (K3)

„Die Welt verengt sich zu einer Nachbarschaft. Amerika muss dieser neuen Lage, freiwillig oder unfreiwillig, ins Gesicht blicken und sich ernstlich mit ihr auseinandersetzen. Zum Zwecke der nationalen Sicherheit, ganz abgesehen von irgendwelchen humanitären Gründen, muss es die Verpflichtungen übernehmen, die ihm durch diese neu geschaffene Nachbarschaft auferlegt wurden. So widersinnig es auch

erscheinen mag, so liegt doch seine einzige Hoffnung, sich aus den ringsum aufwachsenden Gefahren zu befreien, darin, sich in jenes Gewebe internationaler Verflechtungen verwickeln zu lassen, das von der Hand einer unerforschlichen Vorsehung gewoben wird. Der Ratschlag Abdu'l-Bahás an einen hochgestellten Beamten in seiner Regierung kommt einem als besonders angemessen und gewichtig in den Sinn. »*Du kannst am besten deinem Land dienen, wenn du in deiner Eigenschaft als Bürger der Welt danach strebst, bei der endlichen Anwendung des föderalistischen Prinzips, das der Regierung deines eigenen Landes zu Grunde liegt, auf die jetzt zwischen den Völkern und Nationen der Welt bestehenden Beziehungen mitzuwirken.*«

... Dass die Welt von Gefahren bedrängt wird, dass sich diese Gefahren immer mehr verdichten und die amerikanische Nation tatsächlich bedrohen, kann ein klarsichtiger Beobachter unmöglich verneinen." (Shoghi Effendi, Das Kommen Göttlicher Gerechtigkeit, S. 137f., 1969) (K2/K3)

„*Abdu'l-Bahá hat schon vor zwei Jahrzehnten geschrieben und vorhergesagt:* »*Die Übel, unter denen die Welt nun leidet, werden sich vervielfältigen; die Dunkelheit, die sie umfangen hält, wird sich vertiefen. Die Balkanländer werden unzufrieden bleiben, ihre Unruhe wird wachsen. Die besiegten Mächte werden fortfahren zu hetzen. Sie werden zu jeder Maßnahme Zuflucht nehmen, die den Brand des Krieges wieder entfachen kann. Neu entstehende und in ihrem Ausmaß weltweite Bewegungen werden ihr Äußerstes zur Förderung ihrer eigenen Absichten tun. Die Bewegung der Linken wird große Bedeutung erringen, ihr Einfluss wird sich ausbreiten.*«" (Shoghi Effendi, Das Kommen Göttlicher Gerechtigkeit, S. 139, 1969) (K2)

„»*Die Zeit für die Zerstörung der Welt und ihrer Menschen ist gekommen*«*, hat die prophetische Feder Bahá'u'lláhs verkündet.* »*Die Stunde naht*«*, so bekräftigt Er ausdrücklich,* »*da die heftigste Zuckung auftreten wird*«*.* »*Der verheißene Tag ist da, der Tag, da qualvolle Heimsuchungen über euren Häuptern und unter euren Füßen aufbrechen und künden:* `*Schmecket, was eure Hände angerichtet haben!*`« ... »*Bald kommt der Tag*«*, hat Er, auf die Narren der Welt weisend, geschrieben,* »*da sie um Hilfe schreien und keine Antwort* erhalten werden«. »Der Tag rückt heran«, hat Er des Weiteren geweissagt, »da der Ingrimm des Allmächtigen sie packen wird. Er ist wahrlich der Allmächtige, der Allbezwinger, der Machtvollste! Er wird die Erde von der Befleckung ihrer Verderbnis reinigen und zum Erbe denen Seiner Diener geben, die Ihm nahe sind.« »Für jene aber, die Ihn, das Erhabene Tor Gottes, verleugnen«, so hat auch der Báb im Qayyumu'l-Asmá' bekräftigt, »haben Wir nach Gottes gerechtem Ratschluss schmerzliche Qualen vorbereitet. Und Er, Gott, ist der Mächtige, der Weise.« Und weiter: »O Völker der Erde! Ich schwöre bei eurem Herrn! Ihr werdet tun, wie frühere Geschlechter getan. So warnt euch denn selbst vor der schrecklichen, schmerzlichsten Vergeltung Gottes. Denn wahrlich, Gott ist aller Dinge mächtig.« Und wiederum: »Bei Meiner Herrlichkeit! Ich will mit den Händen Meiner Macht die Ungläubigen Vergeltungen spüren lassen, die nur Ich kenne, und will über die Getreuen die moschusgewürzten Düfte wehen lassen, die Ich im innersten Herzen Meines Thrones gehegt habe.«" (Shoghi Effendi, Der verheißene Tag ist gekommen, S. 21f., 1967) (K2/K3)

„»Gebt hin, was ihr besitzt, und ergreift, was Gott, der den Menschen den Nacken beugt, brachte! Wisst wahrlich, dass, wenn ihr euch nicht von dem abkehrt, was ihr begangen habt, von allen Seiten Züchtigung über euch kommen wird und ihr schmerzlichere Dinge schauen werdet als je zuvor!« ... Und weiter: »Gott herrscht gewisslich über das Leben derer, die Uns Unrecht taten, und Er sieht ihr Treiben wohl. Er wird sie sicherlich um ihrer Sünden willen ergreifen. Er ist der grimmigste Rächer.« ... Bahá'u'lláh erklärt ein anderes Mal mit Nachdruck, wobei Er einer jetzt verdunkelten Welt eine strahlende Zukunft voraussagt: »Die ganze Erde ist jetzt im Zustand der Trächtigkeit. Der Tag naht, da sie die edelsten Früchte hervorbringen wird, da ihr die stolzesten Bäume, die entzückendsten Blüten, die himmlischsten Segnungen entsprießen werden.« »Die Zeit ist nahe, da alles Erschaffene seine Bürde abwerfen wird. Verherrlicht sei Gott, der diese Gnade gewährt, die alle Dinge, ob sichtbar oder unsichtbar, umfängt.« »Diese großen Unterdrückungen«, hat Er ferner im Vorausblick auf das goldene Zeitalter der Menschheit geschrieben, »bereiten die Menschheit auf das Kommen der Größten Gerechtigkeit vor.« Diese Größte Gerechtigkeit ist die Gerechtigkeit, auf der sich der Bau des Größten Friedens allein gründen kann und muss, *während der Größte Friede hinwiederum jene größte Weltkultur einleiten wird, die für immer mit Dem verbunden sein wird, der den Größten Namen trägt."* (Shoghi Effendi, Der verheißene Tag ist gekommen, S. 24f., 1967) (K2/K3)

„»Bald«, hat Bahá'u'lláh geweissagt, »wird die Ordnung des heutigen Tages zusammengerollt und eine neue an ihrer Statt ausgebreitet werden.« Und weiter: »Bei Mir selbst! Der Tag naht heran, da Wir die Welt und alles, was darinnen ist, zusammengerollt und eine neue Ordnung an ihrer Statt ausgebreitet haben werden.« »Der Tag naht heran, da Gott ein Volk erweckt, das Unsere Tage ins Gedächtnis rufen, die Geschichten Unserer Prüfungen erzählen und die Herstellung Unserer Rechte fordern wird von denen, die ohne einen Funken Beweis Uns mit offenkundiger Ungerechtigkeit behandelt haben.«" (Shoghi Effendi, Der verheißene Tag ist gekommen, S. 40, 1967) (K2/K3)

„Wenn ihr den Ratschlägen, die Wir in unvergleichlicher und unzweideutiger Sprache in diesem Tablet geoffenbart haben, keine Beachtung schenkt, dann wird von allen Seiten göttliche Züchtigung über euch kommen und der Urteilsspruch Seiner Gerechtigkeit wird gegen euch verkündet werden. An jenem Tage werdet ihr keine Macht haben Ihm zu widerstehen und ihr werdet eure eigene Ohnmacht erkennen." (Shoghi Effendi, Der verheißene Tag ist gekommen, S. 48, 1967) (zit. Bahá'u'lláh) (K2/K3)

„Wärest du aufrichtig gewesen in deinen Worten, so hättest du das Buch Gottes nicht beiseite geworfen, als es dir zugesandt wurde von Ihm, dem Allmächtigen, dem Allweisen. Wir haben dich damit geprüft und fanden dich anders, als du vorgibst. Erhebe dich und suche nachzuholen, was du versäumt hast. Binnen kurzem werden die Welt und all dein Besitz untergehen und das Reich wird Gottes bleiben, deines Herrn und des Herrn deiner Väter. Es geziemt dir nicht, deine Angelegenheiten nach den Befehlen deiner Wünsche zu führen. Fürchte die Seufzer dieses Unterdrückten und schirme Ihn vor den Speeren der Ungerechten. Für das, was du getan hast, wird dein Reich in Verwirrung gestürzt werden, und dein Kaiserreich wird deinen Händen entgleiten zur Strafe für das, was du begonnen hast. Dann wirst du erkennen, wie sehr du dich geirrt hast. Aufruhr wird

das ganze Volk jenes Landes ergreifen, es sei denn, du hilfst dieser Sache und folgst Ihm, dem Geist Gottes (Jesus), auf diesem, dem geraden Pfade. Hat dein Pomp dich stolz gemacht? Bei Meinem Leben! Er wird nicht von Dauer sein, nein, er wird bald dahinschwinden, es sei denn, du hältst dich standhaft an dieses feste Seil. Wir sehen Erniedrigung dich verfolgen, während du einer der Achtlosen bist ..." (Shoghi Effendi, Der verheißene Tag ist gekommen, S. 57f., 1967) (zit. Bahá'u'lláh an Napoleon III.) (K2)

„*»Der Tag naht heran«, so weissagt Bahá'u'lláh im Lawh-i-Ra'ís, »da das Land der Geheimnisse (Adrianopel) und seine Umgebung verwandelt und den Händen des Königs entgleiten werden, Aufruhr wird entstehen, die Stimme des Wehklagens erschallen und die Zeilen des Unheils werden überall offenbar werden, und Verwirrung wird sich ausbreiten um dessentwillen, was diesen Gefangenen zugestoßen ist von den Scharen der Unterdrücker. Der Lauf der Dinge wird sich ändern, und die Zustände werden so drückend werden, dass sogar die Sandkörner auf den öden Hügeln stöhnen und die Bäume auf den Bergen weinen werden, und Blut wird überall fließen. Dann wirst du das Volk in schmerzlichem Elend schauen.«*

»Bald«, hat Er weiter geschrieben, »wird Er euch in Seinem grimmen Zorn ergreifen, Aufruhr wird sich in eurer Mitte erheben und eure Herrschaftsgebiete werden auseinander gerissen werden. Dann werdet ihr heulen und wehklagen und werdet niemanden finden, der euch helfen und beistehen könnte ... Manches Mal hat Unglück euch befallen, und doch habt ihr völlig versäumt, dessen zu achten. Eines davon war die Feuersbrunst, die den größten Teil der Stadt (Konstantinopel) mit den Flammen der Gerechtigkeit verzehrte und worüber viele Gedichte geschrieben wurden, die besagten, dass ein solches Feuer noch nie gesehen wurde. Und doch wurdet ihr noch achtloser ... Desgleichen brach eine Seuche aus, und ihr beachtetet dies immer noch nicht. Doch seid auf eurer Hut, denn Gottes Zorn wird euch befallen. Binnen kurzem werdet ihr schauen, was aus der Feder Meines Befehls herabgesandt wurde.«

In einem anderen Tablet, in dem Er den Fall des Sultanats und des Kalifats vorausschaut, tadelt Er die vereinten Mächte des sunnitischen und des schiitischen Islám: »Durch eure Taten ist die

erhabene Stufe des Volkes erniedrigt, die Standarte des Islám umgestoßen und sein mächtiger Thron gestürzt worden.« ...
Tatsächlich wird an einer höchst bemerkenswerten Stelle im Lawh-i-Fu'ád, worin der Tod des türkischen Außenministers Fu'ád Páshá erwähnt ist, der Sturz des Sultáns selbst unmissverständlich vorausgesagt: »Bald werden Wir den einen ('Alí Páshá), der ihm glich, hinweg nehmen und werden an ihr Oberhaupt (Sultán 'Abdu'l-'Azíz), welches das Land regiert, Hand legen, denn Ich bin wahrlich der Allmächtige, der Allbezwinger.«" (Shoghi Effendi, Der verheißene Tag ist gekommen, S. 99f., 1967) (K2)

„*»O Schar der Könige, fürchtet Gott und lasst euch diese höchst erhabene Gnade nicht entgehen ... Hütet euch weiterhin so nachlässig zu sein, wie ihr es ehedem gewesen seid ... Wenn ihr den Ratschlägen, die Wir in unvergleichlicher und unzweideutiger Sprache in diesem Tablet geoffenbart haben, keine Beachtung schenkt, dann wird von allen Seiten göttliche Züchtigung über euch kommen, und der Urteilsspruch Seiner Gerechtigkeit wird gegen euch verkündet werden ... «* ...

Er geht sogar noch weiter und stellt in seinem Tablet an Shaykh Salmán fest: »Eines der Reifezeichen der Welt ist, dass es niemand auf sich nehmen wird, die Last der Königswürde zu tragen. Das Königtum wird niemanden finden, der seine Last allein zu tragen gewillt wäre. Jener Tag wird der Tag sein, an dem die Weisheit unter der Menschheit offenbar gemacht werden wird. Nur um die Sache Gottes zu verkünden und Seinen Namen weithin zu verbreiten, wird sich jemand finden, der gewillt ist, diese drückende Bürde zu tragen. Wohl dem, der aus Liebe zu Gott und zu Seiner Sache und um Gottes willen und in der Absicht Seinen Glauben zu verkünden sich dieser großen Gefahr aussetzen und diese Mühen und Beschwerden auf sich nehmen will.«" (Shoghi Effendi, Der verheißene Tag ist gekommen, S. 112f., 1967) (K2/K3)

„*Im Lawh-i-Ra'ís weissagt Er bestimmt und eindeutig das Erscheinen eines solchen Königs: »Binnen kurzem wird Gott unter den Königen einen erheben, der Seinen Geliebten helfen wird. Wahrlich, Er umfasst alle Dinge. Er wird den Herzen die Liebe zu Seinen Geliebten einflößen. Wahrlich, dies ist unwiderruflich beschlossen durch den*

Einen, den Allmächtigen, den Wohltätigen.« Im Ridvánu'l-'Adl, in dem die Tugend der Gerechtigkeit gepriesen wird, gibt Er eine gleichgerichtete Weissagung: »Binnen kurzem wird Gott Könige auf Erden erscheinen lassen, welche sich auf das Lager der Gerechtigkeit stützen und unter den Menschen herrschen werden, ebenso wie sie sich selbst beherrschen. Wahrlich, in der gesamten Schöpfung gehören sie zu den Auserwähltesten Meiner Geschöpfe.«

Im Kitáb-i-Aqdas schaut Er in den folgenden Worten voraus, wie in seiner Geburtsstadt, »der Mutter der Welt« und »dem Tagesanbruch des Lichtes«, ein König auf den Thron erhoben wird, der mit dem doppelten Schmuck der Gerechtigkeit und der Ergebenheit in seinen Glauben geziert sein wird. »O Land von Tá, lasse dich durch nichts betrüben, denn Gott hat dich dazu erwählt, der Freudenquell der ganzen Menschheit zu sein. Er wird, wenn es Sein Wille ist, deinen Thron mit einem segnen, der in Gerechtigkeit herrscht und die Herde Gottes, welche die Wölfe zerstreut haben, sammelt. Ein solcher Herrscher wird in Freude und Frohsinn sein Antlitz dem Volke Bahás zuwenden und ihm seine Gunst erweisen. Wahrlich, er wird in den Augen Gottes wie ein Kleinod unter den Menschen betrachtet. Auf ihm ruhe für immer die Herrlichkeit Gottes und die Herrlichkeit aller, die im Reiche Seiner Offenbarung wohnen.«" (Shoghi Effendi, Der verheißene Tag ist gekommen, S. 117f., 1967) (K2/K3)

„*Diese Führer, die »sich selbst für die besten aller Geschöpfe halten und von Ihm, der Wahrheit, als die schlechtesten betrachtet worden sind«, welche »die Sitze der Erkenntnis und Gelehrsamkeit besetzen und Unwissen Erkenntnis und Unterdrückung Gerechtigkeit genannt haben«, die »keinen Gott, sondern ihr eigenes Begehren anbeten, die nichts huldigen als dem Gold, in die dichtesten Schleier der Gelehrsamkeit verwickelt sind und, in seiner Finsternis verfangen, in der Wildnis des Irrtums verloren sind«* - diese hat Bahá'u'lláh mit folgenden Worten anzureden beliebt: *»O Schar der Geistlichen! Ihr werdet euch künftighin nicht mehr im Besitze irgendeiner Macht sehen, denn Wir haben sie von euch genommen und für solche bestimmt, die an Gott geglaubt haben, den Einen, den Allgewaltigen, den Allmächtigen, den Unbeschränkten.«"* (Shoghi Effendi, Der verheißene Tag ist gekommen, S. 127f., 1967) (K2/K3)

„Und schließlich ist in dem gleichen Kommentar diese erschreckende Weissagung verzeichnet:

»Binnen kurzem werden Wir wahrlich jene, die gegen Husayn (Imám Husayn) im Lande des Euphrat Krieg führten, mit der schmerzlichsten Qual und mit der schrecklichsten und abschreckendsten Strafe heimsuchen.« »Binnen kurzem«, hat Er in dem nämlichen Buch in Bezug auf dieses gleiche Volk geschrieben, »wird Gott an ihnen zur Zeit Unserer Wiederkehr Seine Vergeltung üben, und wahrlich, Er hat für sie in der künftigen Welt eine schwere Pein vorbereitet.«" (Shoghi Effendi, Der verheißene Tag ist gekommen, S. 134, 1967) (K2/K3)

„»Ich schwöre bei der Sonne, die über dem Horizont der Äußerung scheint«, so sagt Er aus, »ein Spänchen vom Fingernagel einer der gläubigen Dienerinnen wird am heutigen Tage vor den Augen Gottes mehr geachtet als die Geistlichen Persiens, die nach dreizehnhundert Jahren Wartezeit das verübten, was die Juden nicht taten während der Offenbarung Dessen, welcher der Geist ist (Jesus).« »Obwohl sie sich über die Trübsale, die Uns getroffen haben, freuen«, lautet Seine Warnung, »so wird doch der Tag kommen, da sie wehklagen und weinen werden«.

»O Achtloser«, so redet Er im Lawh-i-Burhán einen berüchtigten persischen Mujtahiden an, dessen Hände mit dem Blut von Bahá'í-Märtyrern befleckt waren, »verlasse dich nicht auf deinen Ruhm und deine Macht. Du gleichst der letzten Spur des Sonnenlichtes auf dem Bergesgipfel. Bald wird es dahinschwinden, wie es beschlossen ist von Gott, dem Allbesitzenden, dem Höchsten. Dein Ruhm und der Ruhm von deinesgleichen sind von euch genommen, und dies ist wahrlich von dem Einen, bei dem das Mutterbuch ist, verordnet worden... Um euretwillen klagte der Apostel (Muhammad) und die Reine (Fátimih) schrie auf und die Länder wurden verwüstet, und Finsternis fiel auf alle Regionen. O Schar der Geistlichen! Um euretwillen wurde das Volk erniedrigt, das Banner des Islám niedergeholt und sein mächtiger Thron umgestürzt. Jedes Mal, wenn ein Mensch mit Verstand an dem fest zu halten suchte, was den Islám erhöhen würde, habt ihr ein Geschrei erhoben und dadurch wurde er verhindert seinen Plan auszuführen, während das Land offensichtlich dem Verderben preisgegeben war.«

»*Sprich: O Schar persischer Geistlicher*«, so weissagt Bahá'u'lláh wiederum, »*in Meinem Namen habt ihr die Zügel der Macht über die Menschen ergriffen und durch eure Beziehung zu Mir nehmt ihr die Ehrensitze ein. Als Ich Mich aber offenbarte, wandtet ihr euch ab und begingt, was die Tränen derer, die Mich erkannten, fließen ließ. Binnen kurzem wird alles, was ihr besitzt, zu Grunde gehen und euer Ruhm wird sich in jämmerlichste Erniedrigung verwandeln und ihr werdet die Strafe sehen für das, was ihr getan habt, wie es von Gott, dem Verordner, dem Allweisen, beschlossen wurde.*«" (Shoghi Effendi, Der verheißene Tag ist gekommen, S. 138f., 1967) (K1/K2/K3)

„*Die Stimme 'Abdu'l-Bahás, des Mittelpunktes des Gottesbündnisses, hat sich gleicher Weise erhoben und das grässliche Unheil angekündigt, das bald nach Seinem Hinscheiden die geistliche Herrschaft des sunnitischen und schiitischen Islám befallen sollte.* »*Diese Herrlichkeit*«, hat Er geschrieben, »*wird sich in die elendeste Erniedrigung verwandeln, und dieser Pomp und diese Macht werden sich in völlige Unterwerfung verkehren. Ihre Paläste werden in Gefängnisse umgewandelt werden und die Bahn ihres hoch strahlenden Gestirns wird in den Tiefen des Abgrundes enden. Lachen und Fröhlichkeit werden dahinschwinden, nein noch mehr, ihre Klagestimme wird sich erheben.*« »*Wie der Schnee in der Julisonne*«, so hat Er des Weiteren geschrieben, »*werden sie dahinschwinden*«." (Shoghi Effendi, Der verheißene Tag ist gekommen, S. 140, 1967) (K2/K3)

„*Worauf sonst könnte diese bemerkenswerte, im Lawh-i-Burhán enthaltene Weissagung anspielen als auf den Sturz des gekrönten Oberherrn der sunnitischen Mohammedaner?* »*O Schar der mohammedanischen Geistlichen! Um euretwillen wurde das Volk erniedrigt, das Banner des Islám niedergeholt und sein mächtiger Thron gestürzt.*« *Was ist mit der unzweifelhaft klaren und bestürzenden, im Qayyúmu'l-Asmá' aufgezeichneten Weissagung:* »*Wahrlich, binnen kurzem werden Wir jene mit der schmerzlichsten Qual und der schrecklichsten und exemplarischsten Strafe peinigen, die gegen Husayn (Imám Husayn) im Lande des Euphrat Krieg führten*«? *Welche andere Auslegung kann dieser mohammedanischen Überlieferung gegeben werden:* »*In den späteren Tagen wird schmerzliches Unglück Mein Volk von Seiten seines Herrschers befallen, ein Unglück, desgleichen kein Mensch je erlebt hat«?"* (Shoghi Effendi, Der verheißene Tag ist gekommen, S. 150, 1967) (K2/K3)

„»Mein Volk wird einen Tag erleben«, so verdammen sie ihre eigenen Überlieferungen, »an dem vom Islám nichts übrig geblieben sein wird als der Name und vom Koran nichts als die äußere Erscheinung. Die Gelehrten jener Zeit werden das größte Übel sein, das die Welt je gesehen hat. Unheil ist von ihnen ausgegangen und wird auf sie zurückfallen.« Und wiederum: »Die meisten Seiner Feinde werden unter den Geistlichen sein. Seinem Befehl werden sie nicht gehorchen, sondern sie werden widersprechen und sagen: `Dies ist das Gegenteil dessen, was uns durch die Imáme des Glaubens überliefert worden ist.`« Und nochmals: »Zu jener Stunde wird Sein Fluch über euch kommen, eure Verwünschung wird euch treffen und eure Religion wird ein leeres Wort auf euren Zungen bleiben. Und wenn diese Zeichen unter euch erscheinen, so seid des Tages gewärtig, da der rot glühende Wind über euch hin fegen wird, oder des Tages, da ihr verunstaltet werdet oder da Steine auf euch regnen werden.«" (Shoghi Effendi, Der verheißene Tag ist gekommen, S. 152, 1967) (K1/K2/K3)

„Der Islám, Ahnherr und Verfolger des Glaubens Bahá'u'lláhs zugleich, hat, wenn wir die Zeichen der Zeiten richtig lesen, erst begonnen, den Ansturm dieses unbesieglichen und triumphierenden Glaubens auszuhalten. Wir brauchen uns nur die neunzehnhundert Jahre erniedrigenden Elends und Zerstreutseins in Erinnerung zu rufen, die jene, die während des kurzen Zeitraums von drei Jahren den Sohn Gottes verfolgten, auszuhalten hatten und noch aushalten. Wir mögen uns wohl mit gemischten Gefühlen von Furcht und heiliger Scheu fragen, wie schwer die Leiden derer sein müssen, die nicht weniger als fünfzig Jahre lang Ihn, welcher der Vater ist, "jeden Augenblick mit neuen Qualen gepeinigt" haben und die dazu Seinen Herold, selbst eine Manifestation Gottes, unter solch tragischen Umständen den Kelch des Märtyrertums trinken ließen." (Shoghi Effendi, Der verheißene Tag ist gekommen, S. 153, 1967) (K3)

„*Die Flammen, die von Seiner göttlichen Gerechtigkeit entfacht wurden, läutern eine noch nicht wiedergeborene Menschheit und verschmelzen ihre uneinigen und widerstreitenden Elemente wie kein anderes Walten und Wirken sie läutern und verschmelzen könnte. Es ist nicht nur ein vergeltendes und zerstörendes Feuer, sondern auch ein erzieherisches und schöpferisches Geschehen, dessen Ziel die Rettung des ganzen Planeten durch Einigung ist. Geheimnisvoll, langsam und unwiderstehlich erfüllt Gott Seinen Plan, wenngleich der Anblick, dem unsere Augen an diesem Tage begegnen, das Schauspiel einer Welt sein mag, die, hoffnungslos in ihre eigenen Netze verwickelt, der Stimme, welche sie ein Jahrhundert lang zu Gott rief, nicht achtet, den Sirenenstimmen aber, die sie in den unermesslichen Abgrund locken wollen, erbärmlich hörig ist.*

Gottes Plan

Gottes Plan ist kein anderer, als auf Wegen, die Er allein bereiten und deren volle Bedeutung Er allein ergründen kann, das Große, das Goldene Zeitalter für eine lange zerspaltene und gequälte Menschheit einzuleiten. Ihr gegenwärtiger Zustand, ja auch ihre unmittelbare Zukunft, ist finster, schmerzlich finster. Die fernere Zukunft aber ist strahlend, herrlich strahlend - so strahlend, dass sie sich kein Auge vorstellen kann. »*Die Stürme der Verzweiflung*«, *schreibt Bahá'u'lláh, während Er das unmittelbare Schicksal der Menschheit überblickt,* »*blasen, ach, von allen Seiten und der Hader, der das Menschengeschlecht spaltet und quält, wächst täglich. Die Zeichen drohender Erschütterungen und des Chaos sind jetzt erkennbar, denn die herrschende Ordnung erscheint beklagenswert mangelhaft.*« »*Ihr Zustand wird so sein*«, *hat Er in anderem Zusammenhang erklärt,* »*dass, ihn jetzt zu enthüllen, nicht passend und ziemlich wäre*«. »*Diese fruchtlosen Streitigkeiten*«, *hat Er andererseits bei Betrachtung der Zukunft der Menschheit im Verlaufe seiner denkwürdigen Unterredung mit dem englischen Orientalisten Edward G. Browne mit Nachdruck geweissagt,* »*diese verderblichen Kriege werden vergehen, und der `Größte Friede` wird kommen ... Diese Streitigkeiten, dieses Blutvergießen und diese Zwietracht müssen aufhören und alle Menschen wie ein Volk und eine Familie sein.*« »*Bald*«, *weissagt Er,* »*wird die Ordnung des heutigen Tages aufgerollt und eine neue an ihrer Statt ausgebreitet werden*«. »*Nach*

*einiger Zeit«, hat Er ebenfalls geschrieben, »werden sich alle
Regierungen der Erde ändern. Unterdrückung wird die Welt umhüllen.
Und im Anschluss an eine weltumfassende Erschütterung wird die
Sonne der Gerechtigkeit am Horizonte des unsichtbaren Reiches
aufgehen.« »Die ganze Erde«, so hat Er weiter dargelegt, »ist jetzt in
einem Zustand der Trächtigkeit. Der Tag naht heran, da sie die
edelsten Früchte hervorbringen wird, da ihr die höchsten Bäume, die
entzückendsten Blüten, die himmlischsten Segnungen entsprossen sein
werden.« »Alle Nationen und Stämme«, hat 'Abdu'l-Bahá gleicher
Weise geschrieben, »... werden eine einzige Nation werden. Der
Widerstreit zwischen den Religionen und Sekten, die Feindseligkeit
zwischen den Rassen und Völkern und die Zwistigkeiten unter den
Nationen werden ausgemerzt werden. Alle Menschen werden einer
Religion angehören, einen gemeinsamen Glauben haben, sich zu einer
Rasse vermischen und ein einziges Volk werden. Alle werden in einem
gemeinsamen Vaterland wohnen, welches der Planet selbst ist.«*

*Wessen wir gegenwärtig Zeuge sind, während »dieser schwersten
Krise in der Geschichte der Zivilisation«, die uns an Zeiten mahnt, da
»Religionen untergehen und geboren werden«, das ist das
Jünglingsalter in der langsamen und schmerzensreichen Entwicklung
der Menschheit, die Vorbereitung zur Erreichung des Zustandes des
Mannesalters und der Reife, dessen Verheißung in den Lehren
Bahá'u'lláhs enthalten und in Seinen Weissagungen eingeschlossen ist.
Der Aufruhr dieses Übergangszeitalters ist charakteristisch für das
Ungestüm und die unvernünftigen Naturtriebe der Jugend, für ihre
Tollheiten, ihre Verschwendung, ihren Stolz, ihre Selbstsicherheit, ihr
aufrührerisches Wesen und ihre Missachtung von Disziplin.*

Das künftige Große Zeitalter

*Die Zeitalter der Unmündigkeit und Kindheit der Menschheit sind
vorbei und kehren nie mehr wieder, während das Große Zeitalter, die
Vollendung aller Zeitalter, welches das Kommen des Zeitalters des
ganzen Menschengeschlechtes bedeutet, erst noch kommen muss. Die
Erschütterungen dieses stürmischen Übergangsabschnittes in der
Geschichte der Menschheit sind die wesentlichen Vorbedingungen des
Zeitalters der Zeitalter und kündigen sein unvermeidliches Nahen an,
»die Zeit des Endes«, in welcher die Torheit und die Wirrnis des*

Streites, die seit dem Dämmern der Geschichte die Annalen der Menschheit schwärzte, endlich in die Wahrheit und Ruhe eines ungestörten, allumfassenden und dauerhaften Friedens umgewandelt sein wird, und in welchem die Zwietracht und Trennung der Menschenkinder einer weltumschließenden Aussöhnung und einer völligen Vereinigung der verschiedenen Elemente der menschlichen Gesellschaft gewichen sein werden.

Dies wird fürwahr die würdige Krönung jenes Prozesses der Vereinigung sein, der, ausgehend von der Familie, der kleinsten Einheit auf der Stufenleiter menschlicher Organisation, nacheinander den Stamm, den Stadtstaat und die Nation ins Leben gerufen hat und fortwährend weiterwirken muss, bis er in der Vereinigung der ganzen Welt gipfelt, dem Endziel und dem krönenden Ruhm der menschlichen Entwicklung auf diesem Planeten. Dieser Stufe nähert sich die Menschheit unwiderstehlich, freiwillig oder gezwungen. Für diese Stufe ebnet das ungeheure, flammende Gottesgericht, welches die Menschheit über sich ergehen lassen muss, auf geheimnisvolle Weise den Weg. Mit dieser Stufe sind die Geschicke und der Plan des Glaubens Bahá'u'lláhs unlöslich verkettet. Diese schöpferischen Kräfte, die Seine Offenbarung im »Jahre sechzig« frei gemacht hat und die später verstärkt wurden durch die aufeinander folgenden Ausgießungen himmlischer Macht, welche im »Jahre neun« und im »Jahre achtzig« dem ganzen Menschengeschlecht gewährt wurden, haben der Menschheit die Fähigkeit eingeflößt, dieses Endstadium ihrer organischen und gemeinsamen Entwicklung zu erreichen. Mit dem Goldenen Zeitalter Seiner Sendung wird die Vollendung dieses Geschehens für immer verbunden sein. Das Gefüge Seiner neuen Weltordnung, die sich jetzt im Schoße der Verwaltungseinrichtungen, die Er selbst geschaffen hat, regt, wird als Muster und als Kern jenes Weltstaatenbundes dienen, der das sichere, unumgängliche Geschick der Völker und Nationen der Erde ist." (Shoghi Effendi, Der verheißene Tag ist gekommen, S. 175-179, 1967) (K2/K3)

„'Abdu'l-Bahá erläutert diese Wahrheit in einem Seiner Tablets: »In vergangenen Zyklen konnte, wann auch immer ein Zusammenklang herrschte, doch aus Mangel an Möglichkeiten die Einheit der ganzen Menschheit nicht zu Stande kommen. Die Erdteile blieben weit voneinander getrennt, ja selbst unter den Völkern eines und desselben

Erdteiles waren Verbindungen und Gedankenaustausch nahezu unmöglich. Darum waren Verkehr, Verständnis und Einheit unter allen Völkern und Stämmen der Erde noch unerreichbar. Heute aber haben sich die Verkehrsmittel vervielfacht, und die fünf Kontinente sind tatsächlich zu einem verschmolzen ... In gleicher Weise sind alle Glieder der menschlichen Familie, ob Völker oder Regierungen, Städte oder Dörfer, in wachsendem Maße voneinander abhängig geworden. Für keines ist Selbstgenügsamkeit noch länger möglich, da ja politische Verbindungen alle Völker und Nationen vereinigten und die Bande des Handels und der Industrie, der Landwirtschaft und der Erziehung jeden Tag fester werden. Daher besteht nun die Möglichkeit, die Einheit der ganzen Menschheit zu schaffen. Wahrlich, dies ist nichts anderes als eines der Wunder dieses herrlichen Zeitalters, dieses glorreichen Jahrhunderts. Vergangene Zeiten waren dessen beraubt, denn dieses Jahrhundert, das Jahrhundert des Lichtes, ist mit einzigartiger und nie da gewesener Herrlichkeit, Macht und Erleuchtung begabt worden. Daher die erstaunliche Entfaltung eines neuen Wunders an jedem Tage. Bald wird man sehen, wie hell seine Lichter in der Vereinigung der Menschen brennen.«

»Seht«, so erklärt Er weiterhin, »wie sein Licht jetzt am verdunkelten Welthorizont dämmert. Das erste Licht ist Einheit im politischen Bereich, dessen beginnender Schimmer jetzt beobachtet werden kann. Das zweite Licht ist Einheit des Denkens in Weltunternehmungen, deren Vollendung binnen kurzem wahrgenommen werden kann. Das dritte Licht ist Einheit in Freiheit, die sicher eintreffen wird. Das vierte Licht ist Einheit in der Religion, die der Eckstein des Fundamentes selbst ist und durch Gottes Macht in all ihrem Glanz geoffenbart werden wird. Das fünfte Licht ist die Einheit der Nationen, eine Einheit, die in diesem Jahrhundert sicher errichtet werden wird, so dass alle Völker der Welt sich als Bürger eines gemeinsamen Vaterlandes betrachten. Das sechste Licht ist Einheit der Rassen, die aus allen Menschen, welche die Erde bewohnen, Völker und Stämme einer Rasse macht. Das siebte Licht ist Einheit der Sprache, das heißt die Wahl einer Weltsprache, in der alle Völker unterrichtet werden und miteinander sprechen. Eine jede von diesen Einheiten wird unvermeidlich zu Stande kommen, da die Macht des Reiches Gottes helfen und ihre Verwirklichung unterstützen wird.«

»Eines der großen Ereignisse«, so versichert 'Abdu'l-Bahá in Seinem Buch »Beantwortete Fragen«, »das am Tage des Erscheinens dieses unvergleichlichen Sprosses eintreten soll, ist das Hissen des Banners des Herrn unter allen Völkern. Das heißt, dass alle Völker und Stämme unter den Schutz dieses göttlichen Banners, das kein anderes als der Glanzvolle Spross selbst ist, kommen und zu einem einzigen Volke werden. Die Gegensätze der Glaubensbekenntnisse und Religionen, die Feindschaft zwischen Rassen und Völkern und die Verschiedenheiten vaterländischer Interessen werden verschwinden. Alle werden einer Religion, einem Bekenntnis, einer Rasse und einem Volk angehören und in einem Vaterland wohnen, das die ganze Erde ist.«

Dies ist die Stufe, der sich die Welt jetzt nähert, die Stufe der Welteinheit, die, wie 'Abdu'l-Bahá uns versichert, in diesem Jahrhundert bestimmt errichtet wird. »Die Zunge der Größe«, so bestätigt Bahá'u'lláh, »hat ... am Tage Seiner Offenbarung verkündet: `Nicht der soll sich rühmen, der sein Land liebt, sondern der, welcher die Welt liebt.`« »Durch die Macht«, fügt Er hinzu, »die durch diese erhabenen Worte ausgelöst wird, hat Er den Vögeln der Menschenherzen einen frischen Impuls verliehen und eine neue Richtung gewiesen und jede Spur von Beschränkung und Begrenzung aus Gottes Heiligem Buche gestrichen.«" (Shoghi Effendi, Der verheißene Tag ist gekommen, S. 182-184, 1967) (K3)

„Die Welt bewegt sich wahrlich ihrem vorherbestimmten Geschick entgegen. Die gegenseitige Abhängigkeit der Völker und Nationen der Erde ist, was immer die Führer der spaltenden Kräfte in der Welt sagen oder tun mögen, bereits eine vollendete Tatsache. Ihre Einheit im wirtschaftlichen Bereich wird jetzt verstanden und anerkannt. Die Wohlfahrt des Teiles bedeutet Wohlfahrt des Ganzen, und die Not des Teiles bringt Not dem Ganzen. Die Offenbarung Bahá'u'lláhs hat, nach Seinen eigenen Worten, diesem gewaltigen, jetzt in der Welt waltenden Geschehen »einen neuen Impuls verliehen und eine neue Richtung gewiesen«. Die durch das große Gottesgericht entzündeten Feuer sind Folgen des Versagens der Menschen, dieses Geschehen zu erkennen. Sie beschleunigen zudem seine Vollendung. Fortgesetzte, weltumfassende, schmerzliche, dem Chaos und der allgemeinen Zerstörung verbündete Trübsal muss notwendiger Weise die Nationen

erschüttern, das Gewissen der Welt aufrütteln, die Massen ernüchtern, im Gesellschaftsbegriff selbst den völligen Wandel beschleunigen und schließlich die ausgerenkten, blutenden Glieder der Menschheit zu einem einzigen, organisch vereinten und unteilbaren Körper verbinden.

Ein Weltstaatenbund

Auf die allgemeine Wesensart, die Folgerungen und Merkmale dieses Weltstaatenbundes, der früher oder später aus dem Blutbad, dem Todeskampf und der Verwüstung dieser großen Welterschütterung aufzusteigen bestimmt ist, habe ich schon in den vorhergehenden Ausführungen hingewiesen. Es genügt zu sagen, dass diese Vollendung, entsprechend ihrer Wesensart, einen schrittweisen Verlauf nehmen wird, und, wie Bahá'u'lláh selbst vorausgesehen hat, zuerst zur Gründung jenes »Kleineren Friedens« führen muss, den die Nationen der Erde von sich aus errichten werden, noch ohne Seiner Offenbarung bewusst zu sein und noch ohne Wissen darüber, dass sie die allgemeinen Grundsätze durchsetzen, die Er verkündet hat. Dieser bedeutungsvolle und historische Schritt, der die Wiederherstellung der Menschheit als Ergebnis allgemeiner Erkenntnis ihrer Einheit und Ganzheit enthält, wird die Vergeistigung der Massen unmittelbar mit sich bringen, die auf die Erkenntnis der Wesensart und die Anerkennung der Ansprüche des Glaubens Bahá'u'lláhs folgt. Sie sind die wesentlichen Vorbedingungen zu jener endlichen Verschmelzung aller Rassen, Glaubensbekenntnisse, Klassen und Nationen, welche das Aufsteigen Seiner Neuen Weltordnung kennzeichnen wird.

Dann wird die Zeit der Reife des ganzen Menschengeschlechtes von allen Völkern und Nationen der Erde verkündet und gefeiert werden. Dann wird das Banner des »Größten Friedens« gehisst werden. Dann wird die weltweite Herrschaft Bahá'u'lláhs, des Begründers des Reiches vom Vater, wie sie vom Sohne geweissagt und von den Offenbarern Gottes vor und nach Ihm vorausgeschaut ist, anerkannt, mit Freude begrüßt und fest errichtet werden. Dann wird eine Weltzivilisation geboren werden, blühen und für immer fortdauern, eine Zivilisation mit einer Lebensfülle, wie sie die Welt weder gesehen hat noch bis jetzt begreifen kann. Dann wird der Ewige Bund voll erfüllt werden. Dann wird die in allen Büchern Gottes eingeschlossene Verheißung eingelöst werden, alle durch die Propheten alter Zeiten ausgesprochenen Weissagungen werden eintreffen, und die Gesichte der Seher und Dichter werden sich verwirklichen. Dann wird der Planet, vergoldet durch den allumfassenden Glauben seiner Bewohner an einen Gott und ihre Ergebenheit in eine allgemeine Offenbarung, in den ihm gesetzten Grenzen den strahlenden Ruhm der Herrschaft Bahá'u'lláhs widerspiegeln, der in der Fülle seines Glanzes im Abhá-Paradiese leuchtet. Er wird zum Schemel Seines Thrones in der Höhe gemacht und als der Himmel auf Erden bejubelt werden, der fähig ist, das unaussprechliche Schicksal zu erfüllen, das ihm seit undenklichen Zeiten durch die Liebe und Weisheit seines Schöpfers bestimmt war. Es ist nicht an uns, die wir winzige Sterbliche sind, in einem so kritischen Abschnitt der langen, bunt bewegten Menschheitsgeschichte zu versuchen, zu einem genauen und befriedigenden Verständnis der Schritte zu gelangen, welche eine blutende Menschheit, die ihren Gott erbärmlich vergessen und Bahá'u'lláh nicht beachtet hat, nach und nach von ihrem Golgatha zu ihrer endlichen Auferstehung führen müssen. Es ist nicht an uns, den lebenden Zeugen der allbezwingenden Macht Seines Glaubens, auch nur für einen Augenblick, wie finster das Elend, das die Welt umhüllt, sein mag, die Fähigkeit Bahá'u'lláhs in Frage zu stellen, diese zerstreuten und einander zerstörenden Bruchstücke, in die eine verderbte Welt zerfallen ist, mit dem Hammer Seines Willens und durch das Feuer der Trübsal auf dem Amboss dieses in Wehen kreißenden Zeitalters in die besondere Form zu schmieden, die Sein Geist erschaut hat - zu einer einzigen, festen und unteilbaren Einheit, die fähig ist, Seinen Plan für die Menschenkinder auszuführen.

Wie verwirrt der Schauplatz, wie trübe der gegenwärtige Ausblick, wie eng begrenzt die uns verfügbaren Hilfsmittel auch seien, unser ist die Pflicht, heiter, vertrauensvoll und unaufhörlich zu arbeiten und, auf welche Weise auch immer die Umstände uns dazu befähigen mögen, unseren Anteil zu geben für das Wirken der Kräfte, die, von Bahá'u'lláh geleitet und gelenkt, die Menschheit aus dem Tal des Elends und der Schmach auf die erhabensten Höhen der Macht und der Herrlichkeit führen.

Shoghi Effendi, Haifa, Palästina, 28. März 1941" (Shoghi Effendi, Der verheißene Tag ist gekommen, S. 185-187., 1967) (K2/K3)

„... es erfüllt die Verheißung Muhammads, dass »ein Jüngling aus den Bani-Háshim ... ein neues Buch offenbaren und ein neues Gesetz verkünden« werde." (Shoghi Effendi, Gott geht vorüber, 2:14, 1974) (K1)

„In diesem Zusammenhang sei noch erwähnt, dass sich im dritten Váhid des Buches eine Stelle findet, die wegen ihres deutlichen Hinweises auf den Namen des Verheißenen und ihrer Vorausschau auf die Ordnung, die eine spätere Zeit als Seine Offenbarung erkennen wird, als eine der bedeutsamsten Aussagen im gesamten Schrifttum des Báb gewertet zu werden verdient. »Wohl dem«, so verkündet Er voraus, »der seinen Blick auf die Ordnung Bahá'u'lláhs richtet und seinem Herrn dankbar ist. Denn Er wird gewiss erscheinen. So hat es Gott fürwahr unwiderruflich im Bayán verheißen.« Mit dieser Ordnung setzte zwanzig Jahre später der Stifter der angekündigten Offenbarung, indem Er im Kitáb-i-Aqdas den selben Begriff verwendete, das hier vorgesehene System gleich, wobei Er darauf hinwies, dass »diese größte Ordnung« die Welt aus dem Gleichgewicht geworfen und das geregelte Leben der Menschheit aufgewühlt habe." (Shoghi Effendi, Gott geht vorüber, 2:15, 1974) (K2)

„ »Im Jahre neun«, schrieb Er im Hinblick auf das Datum des Eintreffens der verheißenen Offenbarung ausdrücklich, »werdet ihr alles Gute erlangen«. »Im Jahre neun werdet ihr in die Gegenwart Gottes gelangen.« Und wiederum: »Nach Hín (= 68) wird euch eine Sache gegeben, die ihr erkennen sollt«. »Ehe nicht neun seit der Empfängnis dieser Sache vergangen«, erklärt Er im Einzelnen, »werden die Wirklichkeiten der erschaffenen Dinge nicht offenbar werden. Alles, was du bis jetzt gesehen, befindet sich im Zustand des feuchten Keims, den Wir noch nicht mit Fleisch umhüllten. Sei geduldig, bis du eine neue Schöpfung schauest. Sprich: `Gepriesen sei darum Gott, der Herrlichste der Schöpfer!`« (Vgl. 6:21) »Warte«, lautet Seine Erklärung an Azím, »bis neun seit der Zeit des Bayán verstrichen sind. Dann rufe: `Gepriesen sei darum Gott, der Herrlichste der Schöpfer!`« »Habt acht«, mahnt Er in einer

bemerkenswerten Stelle über das Jahr neunzehn, »auf die Zahl Váhid (= 19) seit Empfängnis der Offenbarung«, und noch deutlicher legte Er fest: »Der Herr des Tages des Gerichts wird am Ende von Váhid und zu Beginn von achtzig (= 1280 n. d. H.) kund werden.«." (Shoghi Effendi, Gott geht vorüber, 2:23, 1974) (K2)

„So endete ein Leben, von dem die Nachwelt erkennen wird, dass es die Schnittstelle zweier universaler prophetischer Zyklen bildet, des Adamischen Zyklus, der bis zur ersten Morgenfrühe schriftlich überlieferter religiöser Geschichte der Welt zurück reicht, und des Bahá'í-Zyklus, dem es bestimmt ist, sich über eine noch im Zeitenschoß ruhende Zukunft von fünftausend Jahrhunderten zu erstrecken." (Shoghi Effendi, Gott geht vorüber, 4:12, 1974) (K3)

„Der Báb, den Bahá'u'lláh als das »Wesen der Wesen« anruft, das »Meer der Meere«, den »Punkt, den die Wirklichkeiten der Propheten und Boten umkreisen«, »von dem Gott die Erkenntnis ausgehen ließ von allem, was war und was sein wird«, der im »Rang alle Propheten überragt« und dessen »Offenbarung all ihrer Erwählten Fassungskraft und Verständnis übersteigt«, hat Seine Botschaft ausgerichtet und Seinen Auftrag erfüllt. Der nach den Worten Abdu'l-Bahás »der Morgen der Wahrheit« war, der »Vorbote des Größten Lichtes«, dessen Advent zugleich das Ende des »prophetischen Zyklus« und den Beginn des »Zyklus der Erfüllung« bezeichnet, hat mit einem Schlag durch Seine Offenbarung die auf Seinem Land ruhenden Schatten der Nacht gebannt und den bevor-stehenden Aufstieg jenes unvergleichlichen Gestirns angekündigt, in dessen Glanz sich die ganze Menschheit sonnen werde. »Der erste Punkt«, wie Er sich selbst bezeichnet, »aus dem alles Erschaffene erzeugt ward«, »ein Tragpfeiler des ersten Wortes Gottes«, der »mystische Tempel«, die »große Verkündigung«, die »Flamme himmlischen Lichtes, das auf dem Sinai leuchtete«, das »Gedenken Gottes«, dessenthalben »ein besonderer Bund mit allen Propheten geschlossen ward«, hatte mit Seinem Advent plötzlich die Verheißung aller Zeiten erfüllt und die Vollendung aller Offenbarungen angekündigt. Der den Schiiten verheißene »Qá'im« (‚der Sich erhebt'), der von den Sunniten erwartete »Mihdí« (= 12. Imám), die von den Christen ersehnte »Wiederkehr Johannes des Täufers«, der in zoroastrischen Schriften genannte »Úshídar-Máh«, die von den Juden vorausgesagte

»Wiederkehr des Elias«, dessen Offenbarung »die Zeichen und Merkmale aller Propheten« aufweisen solle, der »die Vollkommenheit Mose, den Strahlenglanz Jesu und die Geduld Hiobs« offenbaren werde, war erschienen, hatte Seine Sache verkündet, war erbarmungslos verfolgt worden und ruhmvoll gestorben. Das »zweite Wehe«, von dem in der Apokalypse des Sehers Johannes die Rede ist, war endlich erschienen, und der erste der beiden »Boten«, deren Erscheinen der Koran prophezeit hatte, war aufgetreten. Der erste »Posaunenstoß«, bestimmt, die Erde mit Vernichtung zu schlagen, wie es im genannten Buch angesagt ist, war erschallt. »Die Unausweichliche«, »die Katastrophe«, »die Auferstehung«, »das Erdbeben der letzten Stunde«, vom selben Buch vorausgesagt, all dies ist eingetreten. Die »klaren Zeichen» waren «herab gesandt«, der »Geist« hatte »geweht«, die »Seelen« waren »erwacht« und »der Himmel« war »gespalten«, die »Engel« hatten sich » in Reihen aufgestellt« und die »Sterne« waren »verloschen«, »die Erde hatte ihre Bürde abgeworfen« und »das Paradies« war »nahe herbeigekommen«, »die Hölle« war »entfacht« und das »Buch aufgeschlagen«, die »Brücke« war »ausgelegt«, die »Waage aufgestellt«, und die »Berge wurden zu Staub zermalmt«. Die von Daniel prophezeite und durch Jesus Christus in Seinem Hinweis auf »die Gräuel der Verwüstung« bestätigte »Säuberung des Tempels« war vollbracht. Der vom Apostel Gottes in Seinem Buch vorausgesagte »Tag, der tausend Jahre währen soll«, war zu Ende. Die »zweiundvierzig Monate«, derweilen die »Heilige Stadt mit Füßen getreten« würde, wie es der Seher Johannes voraussah, waren vorbei. Die »Zeit des Endes« brach an, und der erste der »beiden Zeugen«, in die »nach drei Tagen und einem halben der Geist des Lebens aus Gott« eintreten werde, hatte sich erhoben und war »in einer Wolke zum Himmel aufgestiegen«. Von den »siebenundzwanzig Buchstaben«, aus denen nach islamischer Überlieferung Wissen besteht, sind die »restlichen fünfundzwanzig Buchstaben, die noch zu offenbaren sind«, enthüllt worden. Das im Buch der Offenbarung erwähnte »Menschenkind«, das »über alle Nationen mit eiserner Rute herrschen wird«, hat mit Seinem Kommen die schöpferische Energie ausgelöst, die, verstärkt durch die Ströme einer rasch folgenden, unendlich mächtigeren Offenbarung, der ganzen Gattung Mensch die Fähigkeit verleihen wird, seine organische Vereinigung zu

vollbringen, zur Reife zu gelangen und damit die ihm von einer jahrtausendelangen Evolution bestimmte Stufe zu erreichen." (Shoghi Effendi, Gott geht vorüber, 4:17, 1974) (K1/K2/K3)

„Johannes, der Gottesmann, hat mit Bezug auf die beiden aufeinander folgenden Offenbarungen klar prophezeit: »Das zweite Wehe ist dahin; siehe, das dritte Wehe kommt schnell.« Abdu'l-Bahá spricht über diesen Vers und erläutert: »Das dritte Wehe ist der Tag der Manifestation Bahá'u'lláhs, der Tag Gottes, er folgt kurz auf den Tag der Erscheinung des Báb«. Ferner: »Alle Völker auf Erden erwarten zwei Manifestationen, die gleichzeitig erscheinen müssen; alles wartet darauf, dass sich diese Verheißung erfüllt.« Und wiederum: »Das Wesentliche ist, dass zwei Manifestationen verheißen sind, die nacheinander auftreten werden.«. Shaykh Ahmad-i-Ahsá'í, dieser leuchtende Stern göttlicher Führung, der vor dem Jahr sechzig so klar die herauf ziehende Herrlichkeit Bahá'u'lláhs erkannt und nachdrücklich auf »die beiden rasch aufeinander folgenden Offenbarungen« hingewiesen hatte, traf in einem Brief, den er mit eigener Hand an Siyyid Kázim schrieb, die bedeutsame Feststellung über die nahe Stunde dieser höchsten Offenbarung: »Das Mysterium dieser Sache muss kundig und das Geheimnis dieser Botschaft notwendig enthüllt werden. Mehr kann ich nicht sagen. Ich kann keine Zeit angeben. Seine Sache wird bekannt werden nach Hín.«" (Shoghi Effendi, Gott geht vorüber, 6:7, 1974) (K1)

„An dieser Stelle mögen wir uns wohl fragen, was war und bedeutete diese Offenbarung, die sich so bald nach der Erklärung des Báb kund tat und mit einem Schlag die Sendung abschloss, die jene Religion erst vor Kurzem verkündet hatte, und mit solcher Emphase und Kraft die göttliche Autorität ihres Stifters bestätigte? Was, halten wir nachdenklich inne, war der Anspruch Dessen, der selbst ein Jünger des Báb, sich so früh schon für ermächtigt hielt, das von Seinem geliebten Herrn stammende Gesetz aufzuheben? Welche Beziehungen, mögen wir weiter überlegen, könnte es zwischen den bisher bestehenden religiösen Systemen und Seiner eigenen Offenbarung geben - einer Offenbarung, die sich in äußerst gefahrvoller Zeit Seiner kreißenden Seele entrang, das Dunkel jenes verpesteten Loches durchdrang und die Mauern sprengend, sich bis in alle Welt verbreitete, um dem Körper der Menschheit insgesamt ihre

grenzenlosen Möglichkeiten zu erschließen, und die nun vor unseren Augen der menschlichen Gesellschaft die Bahn weist?" (Shoghi Effendi, Gott geht vorüber, 6:9, 1974) (K2/K3)

„Der unter derart dramatischen Umständen die überwältigende Macht einer so herrlichen Sendung zu tragen hatte, war Derjenige, dem die Nachwelt einmal zujubeln wird, den unzählige Anhänger jetzt schon anerkennen als den Richter, Gesetzgeber und Erlöser der ganzen Menschheit, den Organisator des ganzen Planeten, den Einiger der Menschenkinder, den Eröffner des lang erwarteten tausendjährigen Reichs, den Begründer eines neuen »Universalen Zyklus«, den Stifter des Größten Friedens, den Quell der Größten Gerechtigkeit, den Verkünder des künftigen Zeitalters des ganzen Menschengeschlechts, den Schöpfer einer neuen Weltordnung, den Gründer und beseelenden Geist einer Weltkultur." (Shoghi Effendi, Gott geht vorüber, 6:10, 1974) (K3)

„Er war Israel die Verkörperung des »ewigen Vaters«, des »Herrn der Heerscharen«, herab gestiegen mit »zehntausend Heiligen«, dem Christentum Christus, wieder gekommen »in der Herrlichkeit des Vaters«, dem schiitischen Islám die Wiederkehr des Imám Husayn, dem sunnitischen Islám die Herabkunft des »Geistes Gottes« (Jesu Christi), den Zoroastriern der verheißene Sháh Bahrám, den Hindus die Reinkarnation Krischnas, den Buddhisten der fünfte Buddha." (Shoghi Effendi, Gott geht vorüber, 6:11, 1974) (K1)

„In dem Namen, den Er trug, vereinigte Er den des Imám Husayn, des berühmtesten Nachfolgers des Gesandten Gottes - der hellste »Stern«, der nach Johannis Offenbarung in der dort erwähnten »Krone« leuchtet - und des Imám Alí, des Gebieters der Gläubigen, des zweiten der im gleichen Buch erwähnten beiden »Zeugen«. Er wurde formell mit Bahá'u'lláh angesprochen, ein Name, der besonders im Persischen Bayán genannt wird und zugleich die Herrlichkeit, das Licht und den Glanz Gottes bedeutet, Er wurde bezeichnet als der »Herr der Herren«, der »Größte Name«, die »Altehrwürdige Schönheit«, die »Feder des Höchsten«, der »Verborgene Name«, der »Verwahrte Schatz«, »Den Gott offenbaren wird«, das »Größte Licht«, der »Allhöchste Horizont«, das »Größte Meer«, der »Erhabene Himmel«, die »Urewige Wurzel«, der »Selbstbestehende«, das

»Tagesgestirn des Universums«, die »Große Verkündigung«, der »Sprecher vom Sinai«, der die Spreu vom Weizen trennende »Weizensieber«, »der Unterdrückte der Welt«, die »Sehnsucht der Völker«, der »Herr des Bundes«, der »der Baum, über den hinaus niemand gehen kann«. Seine Abstammung reicht einerseits auf Abraham, den Stammvater der Gläubigen und sein Weib Ketura zurück und andererseits auf Zarathustra sowie auf Jesdegerd, den letzten König der Sassaniden-Dynastie. Über dies war Er ein Nachfahre Jesses und gehörte durch Seinen Vater Mírzá Abbás, besser bekannt als Mírzá Buzurg – ein Edelmann aus den engeren Ministerkreisen am Hofe Fath-Alí Sháhs - zu einer der ältesten und angesehensten Familien von Mázindarán." (Shoghi Effendi, Gott geht vorüber, 6:12, 1974) (K1)

„Auf Ihn hatte Jesaja[1], der größte jüdische Prophet, hingewiesen, wenn er von der »Herrlichkeit Gottes« sprach, dem «Ewigen Vater«, dem »Friedefürsten«, dem »Wunderbaren«, dem »Rat«, dem »Reis aus dem Stamm Jesse« und dem »Zweig aus Seinen Wurzeln«, »der auf den Thron Davids gesetzt werden soll«, »der kommen wird mit starker Hand«, »der die Nationen richten wird«, »der die Erde schlagen wird mit der Rute Seines Mundes und mit dem Odem Seiner Lippen erschlagen wird die Gottlosen« und «der die Verjagten von Israel sammeln und die Zerstreuten aus Juda zu Hauf führen wird aus allen vier Enden der Erde«. Von Ihm sang David in seinen Psalmen und rief Ihn an als den »Herrn der Heerscharen« und »König der Herrlichkeit«. Auf Ihn wies Haggai als das »Verlangen aller Nationen« und Sacharja[2] als den »Spross, der sprossen wird aus Seinem Ort« und »des Herrn Tempel bauen wird«. Hesekiel pries Ihn als den »Herrn, der König sein wird über alle Welt«, während Joel[3] und Zephanja[4] von Seinem Tag sprachen als dem »Tag des Herrn«, wobei der letzte ihn beschrieb als einen »Tag des Grimms, ein Tag der Trübsal und der Angst, ein Tag des Wetters und Ungestüms, ein Tag der Finsternis und des Dunkels, ein Tag der Wolken und des Nebels, ein Tag der Posaune und des Kriegsgeschreis gegen die festen Städte und die hohen Zinnen«. Ferner sprachen auch Hesekiel und Daniel von Seinem Tag als dem »Tag des Herrn« und Maleachi[5] beschrieb ihn als »den großen und schrecklichen Tag des Herrn«, an dem »soll aufgehen die Sonne der Gerechtigkeit und Heil unter ihren

*Flügeln«, indes Daniel verhieß, dass Seine Ankunft das Ende der
»Gräuel der Verwüstung« ankündigen werde.*

¹Jes.9:5f ²Sach.6:12 ³Joel 1:15; 3:4 4 Zeph.1:7, 15f 5 Mal.3:19f" (Shoghi Effendi, Gott geht vorüber, 6:13, 1974) (K1/K3)

„Von Seiner Sendung heißt es in den heiligen Büchern der Anhänger Zarathustras, dass in ihr die Sonne einen ganzen Monat lang stillstehen werde. Ihn muss Zarathustra gemeint haben, wenn Er, wie es in einer Tradition heißt, vorhersagte, dass eine Periode von dreitausend Jahren des Streites und Kampfes vergehen muss vor der Ankunft des Welterlösers Sháh-Bahrám, der über Ahriman triumphieren und ein Zeitalter des Segens und des Friedens bringen werde." (Shoghi Effendi, Gott geht vorüber, 6:14, 1974) (K1)

„Nur Ihn meint die Gautama Buddha zugeschriebenen Prophezeiung, in der Fülle der Zeit werde sich »ein Buddha namens Maitreya, der Buddha universaler Gemeinschaft« erheben und »Seine grenzenlose Herrlichkeit« offenbaren. Auf Ihn weist die Bhagavadgita der Hindus hin als den »Größten Geist«, den »Zehnten Avatar«, die »Makellose Manifestation Krischnas«." (Shoghi Effendi, Gott geht vorüber, 6:15, 1974) (K1)

„Von Ihm spricht Jesus Christus als dem »Fürsten dieser Welt«, dem »Tröster«, der »die Welt der Sünde tadeln und von Recht und Gerechtigkeit sprechen wird«, dem »Geist der Wahrheit«, der »euch in alle Wahrheit leiten wird«, der »nicht von sich selber reden wird, sondern was Er hören wird, das wird Er reden«, dem »Herrn des Weinbergs«, und dem »Menschensohn, der in der Herrlichkeit Seines Vaters kommen wird in den Wolken des Himmels mit Macht und großer Herrlichkeit«, mit »allen heiligen Engeln« und »alle Völker vor Seinem Thron versammelt.« Auf Ihn spielt der Verfasser der Apokalypse an als die »Herrlichkeit Gottes«, das »Alpha und Omega«, »den Anfang und das Ende«, »den Ersten und den Letzten«. Seine Offenbarung mit dem »dritten Wehe« gleichsetzend, schilderte er überdies Sein Gesetz als »einen neuen Himmel und eine neue Erde«, das »Allerheiligste Gottes«, die »Heilige Stadt«, das »Neue Jerusalem, herab gefahren von Gott aus dem Himmel, bereitet als eine geschmückte« Braut ihrem Mann«. Von Seinem Tag sprach Jesus Christus als der »Wiedergeburt, wenn des Menschen Sohn sitzen wird

auf dem Thron Seiner Herrlichkeit«. Auf die Stunde Seiner Ankunft spielte Paulus an als die Stunde der »letzten Posaune«, der »Posaune Gottes«, während Petrus von ihr als dem »Tag Gottes« sprach, »an welchem die Himmel mit großem Krachen vergehen, die Elemente aber vor Hitze schmelzen«. Seinen Tag beschrieb er ferner als »die Zeiten der Erquickung«, »die Zeiten der Wiederherstellung aller Dinge, von denen Gott sprach durch den Mund aller Seiner heiligen Propheten seit Anbeginn der Welt«." (Shoghi Effendi, Gott geht vorüber, 6:16, 1974) (K1/K2/K3)

„Von Ihm spricht Muhammad, der Gesandte Gottes, in Seinem Buch als der »Großen Verkündigung«, und erklärt Seinen Tag als den Tag, an dem »Gott herabkommen« wird, »von Wolken überschattet«, den Tag, an dem »dein Herr kommen wird und die Engel Reihe um Reihe«, an dem »der Geist sich erheben wird und die Engel in Reihen geordnet sind«. In einer Sure dieses Buches, von der es heißt, Er habe sie als »das Herz des Koran« bezeichnet, deutet Er Seinen Advent an mit dem Jenigen des »dritten Boten«, der herabgesandt wird, um die beiden Ihm vorangegangenen »zu stärken«. Seinem Tag zollt Er auf den Seiten desselben Buchs einen glühenden Tribut, indem er Ihn verherrlicht als den »Großen Tag«, den »Letzten Tag«, den »Tag Gottes«, den »Tag des Gerichts«, den »Tag der Abrechnung« den »Tag der gegenseitigen Täuschung«, den »Tag der Scheidung«, den »Tag des Seufzens«, den »Tag der Sammlung«, den Tag, an dem »der Ratschluss erfüllt wird«, den Tag, an dem die zweite »Posaune erschallen wird«, den Tag, »da die Menschheit vor dem Herrn der Welt stehen wird« und »alle in Demut zu Ihm kommen werden«, den Tag, an dem »die Berge, die du für so fest erachtest, vergehen werden wie eine Wolke vergeht«, den Tag, an dem »Abrechnung gehalten wird«, »den nahenden Tag, an dem der Menschen Herzen sich erheben und ihnen der Atem in der Brust stockt«, den Tag, an dem »Alle, die in den Himmeln und auf Erden wohnen, in Schrecken versetzt werden, nur der nicht, den Gott zur Errettung auserwählt«, den Tag, an dem »jede stillende Frau ihren Säugling verlässt, und jede Frau, die eine Last in ihrem Schoß trägt, ihre Last abwirft«, den Tag, da »die Erde leuchten wird im Licht ihres Herrn, da das Buch aufgeschlagen wird, die Propheten und die Zeugen aufgerufen werden; und sie werden gerichtet nach Billigkeit, und niemand wird

Unrecht leiden.«" (Shoghi Effendi, Gott geht vorüber, 6:17, 1974) (K1/K2/K3)

„Ferner vergleicht der Gesandte Gottes, wie Bahá'u'lláh bekundet, die Fülle Seiner Herrlichkeit mit dem »Vollmond in der vierzehnten Nacht«. Seine Stufe betrachtet nach demselben Zeugnis der Imám Alí, der Gebieter der Gläubigen, als identisch mit derjenigen Dessen, »der am Sinai aus dem Brennenden Busch mit Mose sprach«. Vom überragenden Charakter Seiner Sendung legte der Imám Husayn, ebenfalls nach Bahá'u'lláhs Worten, Zeugnis ab als einer »Offenbarung, deren Offenbarer Derjenige« ist, der den Gesandten Gottes »offenbarte«." (Shoghi Effendi, Gott geht vorüber, 6:18, 1974) (K1)

„Über Ihn schrieb Shaykh Ahmad-i-Ahsá'í, der Herold der Bábí-Sendung, der »die seltsamen Ereignisse zwischen den Jahren sechzig und siebenundsechzig« voraus geahnt und bestimmt auf das unausweichliche Kommen Seiner Offenbarung hingewiesen hatte, wie schon erwähnt: »Das Mysterium dieser Sache muss kundig und das Geheimnis dieser Botschaft notwendig enthüllt werden. Mehr kann ich nicht sagen. Ich kann keine Zeit angeben. Seine Sache wird bekannt werden nach Hín[1]«

[1] 68, d.h. nach einer Weile" (Shoghi Effendi, Gott geht vorüber, 6:19, 1974) (K1)

„Siyyid Kázim-i-Rashtí, Shaykh Ahmads Jünger und Nachfolger, schrieb gleichfalls: »Der Qá'im muss zwangsläufig getötet werden. Nachdem Er erschlagen ist, wird die Welt das Alter von achtzehn erreichen.« In seinem Buch Sharh-i-Oasídiy-i-Lámíyyih wies er sogar auf den Namen »Bahá« hin. Ferner erklärte er gegen Ende seines Lebens seinen Jüngern sehr bezeichnend: »Wahrlich, ich sage, nach dem Qá'im wird der Qayyúm offenbart werden. Denn wenn der Stern des Qá'im untergegangen ist, wird die Sonne der Schönheit Husayns aufgehen und die ganze Welt erleuchten. Dann wird in all seiner Herrlichkeit das `Mysterium` und das `Geheimnis`, von dem Shaykh Ahmad sprach, enthüllt ... Diesen Tag der Tage zu erleben, bedeutet, zum Gipfel der Herrlichkeit vergangener Geschlechter zu gelangen und eine gute Tat, in dieser Zeit vollbracht, ist gleichbedeutend mit

der frommen Andacht zahlloser Jahrhunderte.«" (Shoghi Effendi, Gott geht vorüber, 6:20, 1974) (K1)

„Der Báb pries Ihn nicht minder eindringlich als den »Inbegriff des Seins«, die »Spur Gottes«, den »allmächtigen Meister«, das »karminrote, alles umfassende Licht«, den »Herrn des Sichtbaren und des Unsichtbaren«, »den einzigen Zweck aller früheren Offenbarungen, einschließlich der des Qá'im«. Er bezeichnete Ihn in aller Form als Den, »den Gott offenbaren wird«, sprach von Ihm als dem »Abhá-Horizont«, unter dem Er selbst lebte und wohnte, zählte besonders Seine Titel auf und pries in Seinem bestbekannten Werk, dem Persischen Bayán, Seine »Ordnung«, enthüllte Seinen Namen durch die Anspielung auf den »Sohn Alís (Anm.: = Husayn), ein wahrer und unzweifelhafter Führer der Menschen«, legte wiederholt mündlich und schriftlich in einer Weise, die auch nicht den Schatten eines Zweifels zulässt, den Zeitpunkt Seiner Offenbarung fest und ermahnte Seine Anhänger, sich nicht durch »den Bayán und alles, was darin offenbart worden ist, von Ihm wie durch einen Schleier trennen« zu lassen. Er erklärte überdies, Er sei »der erste Diener, der an Ihn glaubt«, Er sei Ihm schon ergeben gewesen, »ehe alle Dinge erschaffen wurden«, »keine Anspielung« auf Ihn »könne Ihn deuten«, »der Jahre alte Keim, der alle Möglichkeiten der bevorstehenden Offenbarung in sich trägt«, sei »mit einer Kraft ausgestattet, die alle Kräfte des ganzen Bayán übersteigt«. Ferner machte Er geltend, Er habe »einen Bund mit allen erschaffenen Dingen geschlossen« bezüglich Dessen, den Gott offenbaren werde, noch ehe der Bund bezüglich Seiner eigenen Sendung errichtet war. Ohne Weiteres räumte Er ein, dass Er nur ein »Buchstabe« sei in diesem »Mächtigsten Buch«, ein »Tautropfen« aus dem »Grenzenlosen Meer«, Seine Offenbarung »nur ein Blatt unter den Blättern Seines Paradieses«, dass »alles, was im Bayán erhöht ward«, nur »ein Ring« an Seiner Hand und Er selbst »ein Ring« sei »an der Hand Dessen, den Gott offenbaren wird«, der »ihn wendet, wie Er will, wozu Er will und wodurch Er will«. Unmissverständlich erklärte Er, dass Er sich »ganz für Ihn geopfert«, »willig um Seinetwillen Flüche auf sich genommen« habe, und »nichts ersehne als den Märtyrertod« auf dem Pfade Seiner Liebe. Schließlich prophezeite Er eindeutig: »Heute befindet sich der Bayán im Stadium der Aussaat; am Beginn der Manifestation Dessen, den Gott offenbaren wird, tritt seine höchste

Vollkommenheit in Erscheinung«. »Ehe neun verstrichen seit dem Beginn dieser Sache, werden die Wirklichkeiten der erschaffenen Dinge nicht kund. Alles, was du bis jetzt siehst, ist erst das Stadium des feuchten Keims, ehe Wir ihn mit Fleisch umhüllten. Hab Geduld, bis du eine neue Schöpfung schaust. Sprich: `Selig sei darum Gott, der Trefflichste Schöpfer!`« " (Shoghi Effendi, Gott geht vorüber, 6:21, 1974) (K1/K2/K3)

„Kapitel 11: Bahá'u'lláhs Gefangenschaft in Akká - Erster Teil

»Durch die Zunge der Propheten vor zwei- oder dreitausend Jahren« ist diese Erfüllung, so versichert Er, wirklich vorhergesagt. »Getreu Seiner Verheißung« hat Gott »einigen Propheten die frohe Botschaft offenbart, `der Herr der Heerscharen werde im Heiligen Land erscheinen`«. Jesaja verheißt in diesem Zusammenhang in seinem Buch: »Steige hinauf auf den hohen Berg, o Zion, dass du frohe Kunde bringest. Erhebe deine Stimme mit Macht, o Jerusalem, dass du frohe Kunde bringest. Erhebe sie und fürchte dich nicht; sage den Städten Judas: Schauet euren Gott! Schauet den Herrn Gott kommen mit starker Hand, und Sein Arm wird herrschen für Ihn.« David sagt in seinen Psalmen voraus: »Erhebet eure Häupter, o ihr Tore; ja erhebet sie, ihr ewigen Pforten; und der König der Herrlichkeit wird kommen! Wer ist der König der Herrlichkeit? Der Herr der Heerscharen, der ist der König der Herrlichkeit.« »Aus Zion, der vollkommenen Schönheit, scheint Gott. Unser Gott wird kommen und nicht schweigen.« Auch Amos sagt Sein Kommen voraus: »Der Herr wird brüllen aus Zion und wird Seine Stimme erschallen lassen aus Jerusalem; und die Wohnstätten der Hirten werden trauern, der Gipfel des Karmel wird welken.« " (Shoghi Effendi, Gott geht vorüber, 11:2, 1974) (K1)

„Akká selbst, flankiert von der »Herrlichkeit des Libanon«, ausgebreitet vor dem »Strahlenglanz des Karmel«, zu Füßen der Hügel, die Christi Heimat umschließen, wird von David als »die feste Stadt« beschrieben; Hosea schildert sie als »ein Tor der Hoffnung«, während Hesekiel auf sie als »das Tor« anspielt, »das gen Osten schaut«, zu dem »die Herrlichkeit des Gottes Israels auf dem Weg aus dem Osten kam«, Er, dessen Stimme »wie ein Tosen von vielen Wassern« ist. Der arabische Prophet spricht von ihr als »einer Stadt

in Syrien, der Gott besondere Gnade erweist« und die »zwischen zwei Bergen .. inmitten einer Matte« liegt, «am Ufer des Meeres,... unter dem Throne schwebend«, »weiß, deren Weiße Gott wohl gefällt«. »Gesegnet der Mensch«, erklärt Er des Weiteren, wie Bahá'u'lláh bestätigt, »der Akká besucht, und gesegnet der, der den Besucher von Akká besucht.« Und weiter: »Wer darin den Ruf zum Gebet erhebt, dessen Stimme wird bis ins Paradies empor getragen.« Und ferner: »Die Armen von Akká sind die Könige des Paradieses und seine Fürsten. Ein Monat in Akká ist besser als tausend Jahre an einem anderen Ort.« In einer bemerkenswerten Überlieferung, die als authentische Äußerung Muhammads gilt, enthalten im Werk des Shaykh Ibnu'l-Arabí mit dem Titel Futúhát-i-Makkíyyih und auch von Mírzá Abu'l-Fadl in seinem Fará'id erwähnt, findet sich folgende bedeutsame Vorhersage: »Sie (die Gefährten des Qá'im) werden alle erschlagen außer dem Einen, der die Ebene von Akká, die Festhalle Gottes, erreichen wird.«" (Shoghi Effendi, Gott geht vorüber, 11:3, 1974) (K1)

„Bahá'u'lláh selbst hatte, wie Nabíl in seinem Bericht bestätigt, schon lange zuvor, während der ersten Jahre Seines Exils in Adrianopel, in Seinem Lawh-i-Sayyáh auf diese Stadt angespielt und sie als das »Tal von Nabíl« bezeichnet, wobei der Zahlenwert des Wortes Nabíl dem des Wortes Akká gleich ist. »Bei Unserer Ankunft«, hatte die Schrift vorhergesagt, »wurden wir durch Lichtbanner willkommen geheißen, und laut rief die Stimme des Geistes: `Bald werden alle Erdenbewohner unter diesem Banner vereinigt sein.`«" (Shoghi Effendi, Gott geht vorüber, 11:4, 1974) (K2/K3)

„Das vierundzwanzig Jahre währende Exil, das zwei orientalische Despoten in ihrem unversöhnlichen Hass und ihrer Kurzsichtigkeit über Bahá'u'lláh verhängten, wird in die Geschichte als ein Zeitabschnitt eingehen, in dem sich ein wundersamer und wahrhaft umwälzender Wandel in den Lebens- und Wirkensumständen des Verbannten vollzog. Sie wird aber vor allem der Verfolgungen wegen gedacht werden, die in Seinem Heimatland zwar mit Unterbrechungen, aber ungewöhnlich grausam wieder aufflammten, und ob des gleichzeitigen Wachstums der Zahl Seiner Anhänger, und schließlich auch wegen der an Tragweite und Umfang gewaltigen Zunahme

Seines Schrifttums." (Shoghi Effendi, Gott geht vorüber, 11:5, 1974) (K2/K3)

„ »*Der Tag ist nahe*«, betont Er, »*da ihr erleben werdet, wie durch den Glanz der Religion Bahá'u'lláhs der Westen an die Stelle des Ostens tritt und das Licht der göttlichen Führung ausstrahlt.*« *Und abermals:* »*Der Westen empfing sein Licht vom Osten; doch in mancher Hinsicht war die Widerspiegelung des Lichtes im Abendland stärker.*« *Und:* »*Der Osten ward wahrlich vom Licht des Gottesreichs erleuchtet. Binnen Kurzem wird das selbe Licht den Westen noch viel stärker erleuchten.*«

... »*Der amerikanische Kontinent*«, *schrieb Abdu'l-Bahá,* »*ist in den Augen des einen wahren Gottes das Land, in dem der Glanz Seines Lichtes offenbart und die Geheimnisse Seiner Religion enthüllt werden, wo die Gerechten wohnen und die Freien sich versammeln.*« »*Der amerikanische Kontinent*«, *schreibt Er ferner,* »*zeigt Beweise großer Fortschrittlichkeit. Seine Zukunft ist viel versprechend, denn sein Einfluss und sein Glanz reichen weit. Er wird alle Nationen geistig anführen.*«" (Shoghi Effendi, Gott geht vorüber, 16:4f., 1974) (K2/K3)

„*Die Darstellung dieser Leben spendenden Wahrheiten des Glaubens Bahá'u'lláhs, den Er als* »*den Geist des Zeitalters*« *bezeichnete, ergänzte Er wiederholt durch eindringliche Warnungen vor einem drohenden Weltbrand, der, wenn die Staatsmänner ihn nicht abwendeten, den ganzen europäischen Kontinent in Flammen setzen werde. Auch sagte Er im Verlauf dieser Reisen die radikalen Veränderungen voraus, die auf diesem Kontinent stattfinden werden, sprach die unvermeidlich einsetzende Bewegung zur Dezentralisation der politischen Macht an, wies auf die Wirren hin, die in der Türkei ausbrechen werden, sprach von der auf dem europäischen Kontinent einsetzenden Judenverfolgung und verkündete entschieden, dass* »*das Banner der Einheit der Menschheit gehisst werde, dass das Heiligtum des Weltfriedens errichtet und diese Welt in eine andere verwandelt werde.*«" (Shoghi Effendi, Gott geht vorüber, 19:7, 1974) (K2/K3)

„*Der Überblick über die hervorragenden Züge einer so gesegneten und fruchtbaren Amtszeit darf nicht die Prophezeiungen übergehen, welche die nie irrende Feder des erwählten Mittelpunkts des Bundes*

Bahá'u'lláhs niederschrieb. Diese sagen die heftigen Angriffe voraus, die der unaufhaltsame Vormarsch des Glaubens im Westen, in Indien und im Fernen Osten hervorrufen muss, wenn er auf die altehrwürdigen geistlichen Systeme der christlichen, der buddhistischen und der Hindu-Religion stößt. Sie sagen den Aufruhr voraus, den seine Emanzipation von den Fesseln der religiösen Orthodoxie auf dem amerikanischen, europäischen, asiatischen und afrikanischen Kontinent verursachen wird. Sie künden die Sammlung der Kinder Israels in ihrem alten Heimatland an, ferner die Entfaltung des Banners Bahá'u'lláhs im ägyptischen Bollwerk des sunnitischen Isláms, das Erlöschen des machtvollen Einflusses der schiitischen Geistlichkeit in Persien, das drückende Elend, das unausweichlich über den kläglichen Rest der Feinde des Bundes Bahá'u'lláhs im Weltzentrum Seines Glaubens kommen muss. Abdu'l-Bahá sagt ferner die glanzvollen Einrichtungen voraus, die der sieghafte Glaube an den Hängen des Berges zu gründen hat und die so mit der Stadt Akká verbunden sein werden, dass eine einzige große Metropole entsteht, die den geistigen wie den Verwaltungssitz der künftigen Bahá'í-Weltgemeinde umschließen wird; Er spricht von der besonderen Ehre, die die Bewohner des Geburtslandes Bahá'u'lláhs allgemein und seine Regierung im Besonderen in ferner Zukunft genießen werden, weist auf die einzigartige und beneidenswerte Stellung hin, die die Gemeinde des Größten Namens auf dem nordamerikanischen Kontinent in unmittelbarer Folge der Durchführung der ihr anvertrauten Weltmission einnehmen wird, und sieht schließlich als Ergebnis und Krönung all dessen voraus, dass das »Banner Gottes unter allen Nationen gehisst« werden und es zur Vereinigung des ganzen Menschengeschlechts kommen wird, wenn einmal »alle Menschen einer Religion angehören, ... zu einer Rasse verschmolzen und ein einziges Volk sein werden«." (Shoghi Effendi, Gott geht vorüber, 21:18, 1974) (K2/K3)

„... Die Menschheit tritt in die Randbezirke einer höchst gefahrvollen Stufe ihres Daseins. Die Möglichkeiten dieser Stunde sind unerdenklich kostbar ... Derselbe Materialismus ist von Bahá'u'lláh in Seinen Schriften mit eindeutigen und leidenschaftlichen Worten angeprangert worden. Er verglich ihn mit einer alles verzehrenden Flamme und sah in ihm die Hauptursache der Beschleunigung der schrecklichen Prüfungen und welterschütternden Krisen, die

zwangsläufig die Vernichtung von Städten, die Ausbreitung von Terror und Bestürzung in den Herzen der Menschen nach sich ziehen müssen ...

... mit Hilfe einer umwälzenden Änderung der Anschauungen des weißen Durchschnitts-Amerikaners gegenüber seinen schwarzen Mitbürgern eine Situation, so lange es noch Zeit ist, zu bessern, die, wenn man sie weitertreiben lässt, nach den Worten von Abdu'l-Bahá die Ursache dafür sein wird, dass in den Straßen der amerikanischen Städte Blut fließen wird. Dadurch wird sich die Verwüstung noch steigern, die durch furchtbare, von oben abgeworfenen Vernichtungswaffen, angehäuft von einem erbarmungslosen, wachsamen, mächtigen und hartnäckigen Feind, über diese Städte gebracht wird ... " (Shoghi Effendi, Bahá'í-Brief vom 28.07.1954) (K2/K3)

„Bis an sein Lebensende machte er ständig dieselbe Bemerkung, die auf Worten Bahá'u'lláhs beruht und die er vor dem Krieg so oft angeführt hatte: "Die ferne Zukunft ist sehr strahlend, aber die unmittelbare Zukunft ist sehr dunkel." ...

1947 ... sprach er von der Zukunft: "Da sich die internationale Lage verschlechtert, da es immer trauriger um das Schicksal der Menschheit steht ..."

Weit entfernt davon über den Berg zu sein und unseren Rücken für immer unserer unglücklichen Vergangenheit zukehren zu können, gab es "eine ständig sich vertiefende Krise". Im März 1948 ging er in einer Unterhaltung, die ich in meinem Tagebuch aufgezeichnet habe, noch weiter: "Heute Abend sagte mir Shoghi Effendi einige sehr interessante Dinge: In etwa meinte er, zu behaupten, dass es nicht noch einmal Krieg geben könne, sei im Licht der heutigen Zustände dumm, und zu behaupten, wenn es Krieg gäbe, würde die Atombombe nicht eingesetzt, sei ebenfalls dumm. Deshalb müssen wir annehmen, dass wahrscheinlich ein Krieg kommen und die Atombombe eingesetzt werden wird und es wird eine grauenvolle Zerstörung geben. Aber die Bahá'í werden seiner Ansicht nach daraus hervorgehen und den Kern der zukünftigen Weltzivilisation bilden. Er sagte, es sei nicht richtig zu sagen, die Guten werden mit den Schlechten umkommen ... Er erklärte weiter, es sei falsch zu denken, wie einige Bahá'í es tun, dass die Guten mit den Bösen untergehen ... Er sagte, wir können nur hoffen, dass trotz der schrecklichen Zerstörungen auf geheimnisvolle Weise genug übrig bleiben werden um die Zukunft aufbauen."

Im November des gleichen Jahres munterte er wieder die amerikanischen Gläubigen auf an ihrem Plan festzuhalten: "Da die Drohung noch heftigerer Erschütterungen, die ein sich in Wehen befindendes Zeitalter heimsuchen, wächst und die einer schwierigen weiteren Auseinandersetzung, die dazu bestimmt ist einen entscheidenden und vielleicht Ausschlag gebenden Anteil zur Geburt der neuen Ordnung beizutragen, die das Kommen des Geringeren Friedens ankündigen muss, den internationalen Horizont verdunkeln ... Das Grollen von noch schrecklicheren Katastrophen beunruhigt immer häufiger eine unter schwerem Druck stehende chaotische Welt ..." Im gleichen Moment wies er auf "die sich verschärfende Krise" hin, "die unheilschwanger droht das Gleichgewicht einer politisch erschütterten, wirtschaftlich gespaltenen, sozial verderbten, moralisch verfallenen und geistig dem Tod geweihten Gesellschaft zu stören." Er fuhr fort von dem "warnenden Grollen einer dritten schweren Prüfung" zu sprechen, "welche die östliche und westliche Hemisphäre zu verschlingen droht" und sagte, "die Aussichten für die Welt werden ständig finsterer". Er drängte die Bahá'í, "in die Zukunft zu streben, voll heiteren Vertrauens, dass die Stunde ihrer äußersten Anstrengungen und die beste Gelegenheit für ihre größten Heldentaten mit der apokalyptischen Umwälzung zusammenfallen müssen, die den tiefsten Stand im Geschick der Menschheit kennzeichnet, dem diese sich rasch nähert."

... Er verbindet den heute in der Welt vorherrschenden "krassen" und "krebsartigen Materialismus" mit den Warnungen Bahá'u'lláhs und führt aus, dass Er ihn "mit einer verzehrenden Flamme" verglichen hatte und ihn "als die Hauptursache" ansah "für die Beschleunigung der fürchterlichen Prüfungen und welterschütternden Krisen, die zwangsläufig das Niederbrennen von Städten und die Verbreitung von Terror und die Bestürzung im Herzen der Menschen nach sich ziehen". Shoghi Effendi fährt fort: "Einen Vorgeschmack der Verwüstungen, die dieses verzehrende Feuer über die Welt bringen wird und durch welche die Städte der Nationen eingeäschert werden, die an dieser

tragischen, die Welt verschlingenden Auseinandersetzung teilnehmen, hat der letzte Weltkrieg gegeben, der den zweiten Abschnitt der weltumfassenden Verheerungen darstellt, welche die Menschheit, ihres Gottes vergessend und der klaren Warnungen nicht achtend, die von Seinem ernannten Boten für diesen Tag ausgesprochen wurden, leider unausweichlich erleben musste."

Der Brief, in dem diese erschreckenden Voraussagen zum Ausdruck gebracht werden, war an die amerikanischen Bahá'í gerichtet und in ihm weist der Hüter darauf hin, dass die allgemeine Verschlechterung der Lage einer "verwirrten Welt" und die Vermehrung von immer gefährlicheren Waffen, zu der die beiden mit einem Weltwettrüsten befassten Seiten beitragen - "gefangen in einem Wirbel von Furcht, Argwohn und Hass" -, in steigendem Maße ihr eigenes Land in Mitleidenschaft ziehen und zwangsweise dazu führen werden, wenn keine Abhilfe geschaffen wird, "die amerikanische Nation in eine Katastrophe unvorstellbaren Ausmaßes und ungeahnter Folgen für die soziale Struktur, den Standard und die Weltanschauung des amerikanischen Volkes und seiner Regierung hinein zu ziehen ... Die amerikanische Nation befindet sich in der Tat, von welcher Seite man ihr unmittelbares Schicksal auch betrachtet, in ernster Gefahr. Die Sorgen und Nöte, die sie bedrohen, sind teilweise vermeidbar, aber zum größten Teil unausweichlich und von Gott gesandt ..." Er fuhr weiter fort, auf die Veränderungen hin zu weisen, die diese unvermeidbaren Leiden in der "veralteten Lehre absoluter Herrschaft" herbei führen müssen, an die sich seine Regierung und sein Volk noch immer klammern und die so offenbar "im Gegensatz zu den Bedürfnissen einer Welt steht, die bereits zu einer Nachbarschaft zusammengeschrumpft ist und nach Einheit schreit" und durch die diese Nation sich von ihren anachronistischen Auffassungen geläutert und bereit finden wird die große Rolle zu spielen, die Abdu'l-Bahá ihr bei der Errichtung des Geringeren Friedens voraus gesagt hat. Die "brennenden Leiden" der Zukunft werden nicht nur "die amerikanische Nation mit ihren Schwesternationen in beiden Hemisphären verschmelzen", sondern werden sie von "den angesammelten Schlacken reinigen, zu deren Entstehung eingewurzelte rassische Vorurteile, üppig wuchernder Materialismus, weit verbreitete Gottlosigkeit und moralische Laxheit im Verlauf der auf einander folgenden Generationen zusammen wirkten und die sie bis jetzt daran hinderten die Rolle der geistigen Führung der Welt zu übernehmen, die von Abdu'l-Bahás nie irrender Feder vorausgesagt wurde - eine Rolle, die sie durch Kraftanstrengung und Leiden erfüllen muss."

Während des letzten Winters seines Lebens sprach der Hüter, als ob er bereits seines langen Kampfes mit unseren Schwächen und der langen Jahre unaufhörlicher Arbeit und vollkommener Hingabe müde wäre, eindringlicher über dieses Thema als ich es je zuvor gehört hatte. Seine Worte waren nicht nur eine Warnung vor dem, was die Zukunft bringen werde, sondern eine unerbittliche Feststellung des Versagens der Bahá'í - aller im Osten und Westen -, sich in einer ihrer Aufgabe angemessenen Zahl aufzumachen und die Sache Gottes nah und fern in den erschlossenen Gebieten und auf den Inseln des Erdballs zu lehren, so lange noch Zeit ist es zu tun und so durch eine beträchtliche Vermehrung der Anhänger des Glaubens jene geistigen Ansatzpunkte zu bilden, die den am Werk befindlichen Kräften der Zerstörung in der heutigen Gesellschaft Einhalt gebieten und den Nährboden für die künftige Weltordnung darstellen können, von der wir so fest glauben, dass sie aus dem heutigen Chaos hervor gehen kann und muss.

Wir sollten betroffen sein, aber nicht gelähmt. In einem seiner letzten Briefe an einen europäische Nationalen Rat vom August 1957 schrieb sein Sekretär in seinem Auftrag: "Er wünscht nicht, dass die Freunde ängstlich sind oder bei den unangenehmen Möglichkeiten der Zukunft verweilen. Sie müssen die Haltung einnehmen, dass sie, wenn sie ihr Teil tun, ... sich darauf verlassen können, dass Gott das Seine tun und über sie wachen wird." Die Handlungsweise der Bahá'í in dieser Zeit der Weltkrise wurde in einem anderen seiner Briefe zum Ausdruck gebracht, der einen Monat früher durch seinen Sekretär in seinem Auftrag an einen der afrikanischen Nationalen Räte geschrieben wurde: "Da sich die Lage in der Welt wie auch in ihrem Teil ständig verschlechtert, darf von den Freunden keine Zeit verloren werden sich auf höhere Ebenen der Hingabe und des Dienstes und besonders des geistigen Bewusstseins aufzuschwingen. Es ist unsere Pflicht, so viele unserer Mitmenschen wie nur möglich, deren Herzen erleuchtet sind, zu erlösen, bevor eine Katastrophe sie überfällt, von der sie entweder hoffnungslos verschlungen oder aus der sie geläutert und gestärkt und bereit zum Dienen hervorgehen werden. Je mehr Gläubige es gibt, die als Leuchttürme in der Dunkelheit dastehen, wann immer diese Zeit kommt, desto besser; daher die höchste Wichtigkeit der Lehrarbeit in der heutigen Zeit."' (Rúhíyyih Rabbani, Die unschätzbare Perle. Leben und Werk Shoghi Effendis, S. 299-304, 1982) (K3)

„ *"Die jetzige Unruhe der Welt, Symptom einer weltweiten Krankheit, ... muss notwendiger Weise in die Weltkatastrophe einmünden, aus der das Bewusstsein eines Weltbürgertums geboren werden wird, ein Bewusstsein, das allein eine angemessene Grundlage für den Aufbau der Welteinheit bieten kann, von der ein dauernder Weltfriede zwangsläufig abhängen muss, wobei der Friede seinerseits die Weltkultur einleitet, die das Erwachsenen-Stadium der gesamten Menschheit kennzeichnet."'* (Rúhíyyih Rabbani, Die unschätzbare Perle. Leben und Werk Shoghi Effendis, S. 560, 1982) (K2/K3)

„ *"... Materialismus, der das Gefüge der menschlichen Gesellschaft im Osten wie im Westen untergräbt und sich in das Mark der miteinander streitenden Völker und Rassen frisst ... und der leider den größeren Teil der Menschheit in einer allgemeinen katastrophalen Erschütterung zu verschlingen droht".'* (Rúhíyyih Rabbani, Die unschätzbare Perle. Leben und Werk Shoghi Effendis, S. 593, 1982) (K2/K3)

„ *Russland wird in der Zukunft ein erfreuliches Paradies werden und die Lehrarbeit wird in diesem Land in beispiellosem Maße durchgeführt werden. Das Haus der Andacht - errichtet in seinem innersten Herzen - wird hinaus leuchten mit blendendem Glanz und der Ruf des Größten Namens wird widerhallen in seinen Tempeln, seinen Kirchen und seinen Andachtsstätten. Wir müssen weiter Geduld und Nachsicht zeigen. In diesen momentanen Krämpfen liegen beschlossen mächtige und vollendete Mysterien, welche den Augen der Menschen in kommenden Tagen offenbart werden.*
" (Handschriftliche Randbemerkung in Shoghi Effendis persischer Handschrift zu einem Brief vom 02.01.1930) (K3)

Meine Geschichte und Ausblick

In diesem Kapitel möchte ich auf einige wichtige Eckdaten meines Lebens eingehen und einen Ausblick geben, was mit mir in den nächsten Jahren und Jahrtausenden passiert.

Ich erblickte am zweitletzten Primzahlendatum des Primzahljahres 1987 das Licht der Welt. Die Geburt dauerte sehr lange, als ob ich mich als Baby im Bauch vorausahnend weigerte, die kommenden beschwerlichen und gefährlichen Pfade in der anderen Welt anzunehmen. Über meine Kindheit und Jugendzeit darf ich mich aber nicht beklagen. Ich wuchs in einer liebevollen Umgebung mit sehr gutem Familienzusammenhalt und vielen guten Freundschaften auf. Die großen Probleme und Schwierigkeiten fingen erst Mitte Zwanzigern an.

Bolon Yokte hat, seit ich denken kann und bereits davor, mich begleitet und mir Zeichen gesendet, die ich damals als Kind noch nicht verstand und erst später Sinn ergaben. Er hat mich und meine zwei verbundenen Seelen auf das vorbereitet, was kommen wird. Nebst Bolon Yokte war auch mein Glaube an Gott und seine Manifestationen durch Kinderklassen sowie Jugendklassen aus der Bahá'í-Religion und Eigenstudium der Religionen stark ausgeprägt. Das war meine Erziehung der lichten Seite. Bolon Yokte kümmerte sich aber auch um meine Entwicklung der dunklen Seite und stellte während meiner Pubertät eine erste Beziehung zu einem Dämon her, dessen Name Asmodeus und dessen Eigenschaften mir erst viel später mitgeteilt bzw. bewusstwurden.

Zwischen 2008 und 2012 habe ich dunkle Geheimnisse gelüftet und diese auf einem Bahá'í-Forum im Internet veröffentlicht, was satanische und bösartige Mächte angezogen hat. Zunächst befasste sich hauptsächlich ein schwarzmagischer Zirkel aus Deutschland mit mir, was in einer Verfolgungsjagt in der Schweiz endete und der ich dank Bolon Yokte im Oktober 2012 nur knapp entkommen konnte. Ab diesem Zeitpunkt hat sich zuerst meine Hellhörigkeit bis Dezember 2012 so weit entwickelt, dass ich manchmal ein Flüstern wahrnahm, deren Ursprung und Inhalt mir meist schleierhaft war. Hellsichtigkeit und Hellhörigkeit waren bei mir bereits in der Kindheit ab und zu aktiv, aber die Öffnung meiner Hellsinne ab 2012 war eine neue Dimension. Geplagt von Verfolgungsängsten und übersinnlichen Einflüssen konnte ich mich ab diesem Zeitpunkt nicht mehr auf mein Studium konzentrieren. Es folgte eine mehrjährige Therapie mit Psychopharmaka und die Unterstützung der schweizerischen Invaliditätsleistungen. Durch die Medikamente waren die negativen Symptome kaum mehr wahrnehmbar und meine psychische Gesundheit verbesserte sich bis Frühjahr 2018 stetig. Da der Mordanschlag von 2012 fehlschlug, wurde mein Fall an den mächtigsten satanistischen oder schwarzmagischen Zirkel der Welt übergeben. Die hochrangigsten Schwarzmagier aus den USA übernahmen jetzt meinen Fall und alle anderen westlichen Zirkel unterstützten sie dabei. Ein Meister der dunklen Künste öffnete im März 2018 meine Hellhörigkeit so stark, dass er in Gedanken direkt zu mir klar und deutlich sprechen konnte. Es folgten Todesdrohungen und geistige Dauerbeschallung, um mich zu verunsichern und zu verängstigen. Es war ein geistiger Kampf, der sich über mehrere Tage und Wochen hinzog. Kurz vor dieser Auseinandersetzung haben mir verschiedene Stimmen ihre Unterstützung zugesprochen. Im Nachhinein weiß ich, dass einer dieser Stimmen Bolon Yokte war. Im Verlauf der Tage wurde zusätzlich mein drittes Auge so weit geöffnet, dass ich auch klare Informationen über die Hellsichtigkeit aufnehmen konnte. Da nach diesem ersten geistigen Kampf noch kein Sieger hervorging, zog sich dieser Meister wieder zurück und andere Personen verbanden sich telepathisch mit mir, um diesen geistigen Kampf weiterzuführen, den sie aber nicht gewinnen konnten.

Zur Information zum sprachlichen Austausch über die Hellhörigkeit kommen meine Gedanken auf Deutsch beim Empfänger übersetzt in seiner Muttersprache an. Diese automatische Übersetzung funktioniert immer in den geistigen, jenseitigen Welten. Man braucht nicht die Muttersprache anderer Seelen oder Manifestationen zu erlernen, um mit ihnen sprachlich kommunizieren zu können. Dies funktioniert aber nicht auf allen Komplexitätsstufen. Falls für ein bestimmtes Wort keine einfache Übersetzung existiert, kann man auch die Betonung übermitteln, und dieses Wort anschließend mit simplen Worten beschreiben. Eine weitere Möglichkeit besteht darin, die Übersetzung einem geistigen, jenseitigen Wesen zu überlassen, mit dem man bereits eine enge geistige und sprachliche Beziehung aufgebaut hat.

Zurück zu meiner Geschichte. Eine Indienreise von Mitte April bis Anfang Mai 2019 markierte den nächsten Meilenstein in meiner Beziehung zu den höheren geistigen Mächten. Der bereits genannte Meister machte sich wieder bemerkbar und zeigte mir Ausschnitte aus seiner verdorbenen und widerwärtigen Welt. Hinzu kam eine ältere Dame, auch aus den USA, die weltweit großen Einfluss im Bereich des Femdom genießt und sich nun auch mit mir beschäftigte, weil ich eine Schwäche für dominante Frauen habe. Parallel wurden meine Bahá'í-Gebete immer intensiver und inbrünstiger. In einer verheißungsvollen Nacht in Nordindien, Dehradun, offenbarte sich mir Bolon Yokte und fragte mich, ob ich mich ihm anschließen möchte und gab mir zu verstehen, dass durch diese Verbindung er mir in meiner schwierigen Lage helfen kann. In der Umgebung wurden alle Tiere unruhig. Hunde heulten laut auf und Affen machten einen riesigen Lärm. Insgeheim wusste ich, dass ich nur durch diese Bindung und seine Unterstützung Indien wieder lebend verlassen werde. Ich akzeptierte und gab ihm mein Jawort. Ab dieser Nacht wurde in meinem Gehirn ein Prozess in Gang gesetzt, der nacheinander jeweils eine Gehirnhälfte aktivierte und die andere in den Schlafmodus versetzt wurde. Der Grund dieses Prozesses war das Ziel meine zwei verbundenen Seelen im Bereich des Kopfes auf die zwei Gehirnhemisphären aufzuteilen. Die dunklere Seele wurde meiner schwächeren linken Gehirnhälfte zugewiesen und meine hellere Seele übernahm meine stärkere rechte Gehirnhälfte. Aus der neusten Hirnforschung wissen wir, das eine Hirnhälfte, bei Ausfall der anderen, die gesamte Körperfunktion übernehmen kann.

Eines späteren Tages hatte ich mich so sehr in das lange Pflichtgebet von Bahá'u'lláh vertieft und so inbrünstig mit Herz sowie überwältigenden Emotionen gebetet, dass meine Seele sich in himmlischen Sphären erhob und die Auserwählten Gottes auf mich aufmerksam wurden. Ein langes Gespräch zwischen Bolon Yokte und Bahá'u'lláh folgte später im Rückflug von Indien in die Schweiz. Zuvor mussten ich und Bolon Yokte aber einen weiteren hinterhältigen Mordversuch vereiteln. Eines Abends wenige Tage vor dem Rückflug wartete ein Auftragskiller mit seiner Waffe in einer dunklen und engen Gasse innerhalb eines tibetanischen Viertels in Neu-Delhi auf mich. Bolon Yokte informierte mich genau ab welcher Abzweigung der Auftragskiller zuschlagen werde. In der Gasse vor unserem Hotel wollte er mich von hinten niederstrecken, aber ich kam ihm zuvor. Mit einer reflexartigen Bewegung überraschte ich den Gegner so sehr, dass er die Tat nicht mehr ausführen konnte und fluchtartig mit schnellen Schritten sich von uns entfernte.

Im Flughafen von Neu-Delhi zeigte sich mir Bolon Yokte erstmals als neun unterschiedliche Wesen, deren Aussehen ich nicht klar wahrnehmen konnte, aber deren Größen unterschiedlich war. Der kleinste von ihnen kümmerte sich hauptsächlich um mich. Er war es auch, der mich vor dem Auftragskiller gerettet hat. Meine Aufgabe bestand darin, mich nur auf sie zu konzentrieren. Wir schwammen in einer Art geistiger Strömung. Vor uns ein riesiger sich drehender Rotor, der alles zerfetzte oder zerstörte, was ihm zu nahekam. Die Prüfung oder Schwierigkeit bestand darin, sich im Strudel aufzuhalten und dem Rotor im richtigen sowie sicheren Abstand zu folgen. Der Rotor wurde vom Mächtigsten der neun Wesen gesteuert und zog die Aufmerksamkeit eines riesigen aus den Tiefen aufsteigenden, bösartigen Wesen an: Satan höchst persönlich. Um die Situation bildhaft zusammenzufassen waren wir wie neun Fische, die im Strudel eines Motorbootes durch das Meer schwammen, verfolgt von einem monströsen Haifisch. Sinn und Zweck dieser Übung war die Verbindung zwischen mir und Bolon Yokte zu stärken und die geheimen Informationen, die der drehende Rotor aussendete, über das geistige Auge aufzunehmen.

Kurz vor dem Einstieg ins Flugzeug nahm ich von jedem einzelnen Wesen nur noch ihr Grinsen mit spitzen Zähnen und ihre katzenartigen Augen wahr, was mich an die Grinsekatze aus dem Roman Alice im Wunderland erinnerte. Im Flugzeug saß ich dann neben einem Schwarzmagier aus Deutschland, der mit seinen dunklen Künsten seinen Einfluss auf mich ausüben wollte, nur hatten sie dank Bolon Yokte keinen Effekt auf mich. Nach der Landung wartete er am Ausgang auf mich und studierte mich eingehend. Er sah sehr erstaunt aus. Jedoch die viel wichtigere Botschaft, die ich während dem Flug empfangen habe, kam durch den Austausch von Bolon Yokte und Bahá'u'lláh zustande. Mir wurden die verschiedenen Stufen der Himmelsphären gezeigt und dann mitgeteilt, dass auch Bahá'u'lláh und Erzengel Michael sich um meine weitere Entwicklung kümmern werden. Die folgenden Tage und Wochen zurück in der Schweiz waren gekennzeichnet von Visionen und Prophezeiungen, die ich teilweise in einigen Kapiteln dieses Buches erwähnt und beschrieben habe. Zum Beispiel die Straße an Universen und wie Bolon Yokte von Universum zu Universum reist um neue physische wie auch geistige Welten zu entdecken und zu erforschen.

Am ersten Abend nach unserer Landung erhielt ich im Geiste ein verschlüsseltes Signal, das von einem außerirdischen Volk ausgesendet wurde. Der erste Kontakt der Menschheit mit außerirdischem intelligentem Leben und ich werde meinen Anteil an diesen ersten Kontakt beitragen. Wann dieser Kontakt genau stattfindet, wurde mir nicht mitgeteilt. Im Verlauf dieses Abends machten meine Augen zum ersten Mal eigenartige Bewegungen, die ich selbst nicht kontrollieren konnte. Die Augenbewegungen wurden immer wilder, fast schon Zuckungen in alle möglichen Richtungen. Sie waren durch Bolon Yokte ausgelöste, kryptische Formeln, um in der physischen oder geistigen Welt etwas in Gang zu setzen. Wie ein Magier meist seine geheimen Zaubersprüche hat, habe ich Formeln über Augenbewegungen, die ich aber nicht immer bewusst selbst auslösen kann. Die Auswirkung oder der Effekt dieser ersten Zauberformel sollte ich noch in dieser Nacht erleben. Etwa zwei Stunden vor Mitternacht verließ ich das Haus und machte mich auf den Weg Richtung nächstem Schulhaus. Die unkontrollierbaren Augenbewegungen kamen ab und zu zurück und hörten spätestens beim Schulhaus für den Rest der Nacht ganz auf. Vor dem Schulhaus legte ich mich auf einen Steinboden und konzentrierte mich auf meine Sinne. Ein unangenehmes Gefühl kam hoch, als lauerte etwas bösartiges im Dunkeln auf mich. Ich schaute um mich und erblickte in etwa dreißig Meter Entfernung eine kleine bucklige Gestalt. Ich spürte ein kleines Aufkommen von Angst. Ich stand auf und näherte mich dieser Gestalt, sie schien sich nicht zu bewegen. Wenige Meter davor erkannte ich bloß eine zylindrische Mülltonne. Auf meine innere Stimme hörend machte ich mich auf zum nächsten Bahnhof, um in die nächste Großstadt zu fahren. Ich wanderte einige Zeit in der Stadt umher, bis die inneren Stimmen feindlich wurden. Für kurze Zeit kam Panik auf. Ich machte mich zu Fuß wieder auf den Weg nachhause. Bevor ich die Großstadt verließ und in sehr dunkle Abschnitte kam, gesellte sich Erzengel Gabriel zu mir, um mich nach Hause zu begleiten. Ein unglaublicher Mut und Zuversicht kamen in mir auf, als könnte die ganze Welt sich gegen mich erheben und mir nichts anhaben. Fast am Ziel angelangt kamen mir in der Schwärze der Nacht Wesen entgegen, die wie Kinder aussahen, die entweder keine Augäpfel hatten oder deren gesamte Augen pechschwarz waren. Es waren mehrere Dutzende von ihnen, die ich aber nicht beachtete und ohne Furcht an ihnen vorbei ging. An einigen Stellen des Weges fehlen mir jegliche Erinnerungen und ich weiß rückblickend nicht, wie ich diese gemeistert habe. Mir wurde gesagt, dass ich manchmal für Wesen, die mir schaden wollten, unsichtbar wurde. Der Fußmarsch dauerte etwa zwei bis drei Stunden. Diese Nacht hatte komplett meine Angst vor bösartigen höheren Mächten genommen, denn diese schwarzäugigen Kinder werden durch dunkle Künste hervorgerufen. Der Schwarzmagier entfernt das Augenlicht eines Kindes und bearbeitet es mit seinem Dämon, um riesige Angstgefühle und Furcht hervorzurufen. Diese negativen Emotionen und das Bild des Kindes werden dann auf ein menschliches Ziel fokussiert. Um diesen Angriff abzuwehren, braucht man starke Verbindungen und Hilfe von den guten höheren Mächten.

Später in derselben Nacht wieder zuhause zeigte mir Bahá'u'lláh einige Bilder zur neuen Weltordnung nach der Weltenwende. Die verschiedenen Würdenträger der Religionen und die gerechten Herrscher oder Vertreter der Nationen treffen sich regelmäßig und beraten über die Probleme der Welt. Ich sah, wie sie in einem Gebäude im Kreis angeordnet waren. In der Mitte befand sich ein Kopf, der mit einer Versorgungsmaschine verbunden war. Dieser Kopf wurde in die Beratung miteinbezogen und lieferte Antworten bezüglich geistiger oder weltlicher Fragen.

Im Verlauf der nächsten Wochen wurde auch die Verbindung zu Jesus Christus immer stärker. Als ich das Jesusgemälde von Akiane Kramarik sah, kamen starke Emotionen hoch und ich wusste, so sah er aus. Ich empfing ein Bild von einer felsigen Wüstenlandschaft, wo er begraben wurde. Sein physischer Leib wurde nicht in den geistigen Himmel gehoben. Durch Gespräche, die erst später stattfinden werden, werden einige seiner Geheimnisse gelüftet, wie zum Beispiel der Ort seiner letzten Ruhestätte oder Marias Empfängnis. Wir Bahá'i glauben, dass er den Märtyrertod starb und dass die Jungfrauengeburt wahr ist.

Der nächste große Meilenstein markiert das Jahr 2022. Ende Oktober wurde der nächste geistige Großangriff aller westlichen Zirkel mit Teilnahme des genannten Meisters aus den USA gestartet. Der Angriff war so heftig, dass ich manchmal kurz davor war, mein Leben zu beenden, aber Bolon Yokte verhinderte dies. Der Dämon des Meisters nahm ich erstmals als feuriges Auge wahr, wie das Auge Saurons im Fantasy-Roman „Der Herr der Ringe". Später schaltete sich auch Bahá'u'lláh ein und zeigte dem Meister ein Stern mit fünf Zacken, um ihn auf seine Súriy-i-Haykal aufmerksam zu machen. An einem Tag Mitte November besuchten mich dann abermals Bahá'u'lláh in Begleitung mit Báb. Als ich ihre Präsenz spürte, war ich tief ergriffen und dachte: „Was für eine Ehre, dass ihr mich besucht!" Bahá'u'lláh sagte zu mir, dass das Gute in mir das Schlechte überwiegt, aber dass ich auch einige Sünden begangen habe. Bald sollte ich vor meinem Schöpfer erscheinen, der über mich urteilen wird.

Eine Philippinenreise mit meinen Eltern stand Ende November bevor. Im Flug von Zürich nach Singapur reichte mir eine Flugbegleiterin ein Becher Wasser, das ein starkes Gift enthielt. Ich trank ein wenig davon und Bolon Yokte stoppte mich, den Becher ganz zu leeren. Ich spürte ein leichter Schmerz in der Lebergegend, der in den nächsten Tagen noch zunahm. Im Flughafen Changi angekommen meldeten sich der Meister aus den USA mit seinem Dämon wieder. Er bot mir an seiner Geheimgesellschaft beizutreten. Ich weigerte mich und Bolon Yokte und ich zählten seine vielen Sünden auf und sagten, dass er dafür hart bestraft werde. Sein Dämon teilte mir mit, dass mein ganzes zukünftiges Leben aufgedeckt ist. Anschließend nahm ich die wahre Gestalt vom Mächtigsten der Neun wahr: eine Seite dunkel und bösartig und die andere hell, lichtvoll und Gott zugewandt. Er forderte mich auf, mich vor ihm zu verneigen. Ich verneigte mich nur vor seiner guten Seite. „Was für eine Frechheit!": bemerkte er mit einem Lächeln.

Am 25. November im Flug von Singapur nach Manila hoch über den Wolken hob sich mein Geist in himmlischen Gefilden. Ich sah in der Ferne wie Bahá'u'lláh den Meister im Himmelreich empfing. Ein toter Baum erschien gleichzeitig in der Ferne und ich hörte die Worte: „Ich verstoße dich aus diesem Reich!" Danach empfingen mich

Bahá'u'lláh, Báb, Mohammed und Jesus Christus mit Freuden und wir hielten uns die Hände. Emotionen des Glücks und der Freude überwältigten mich. Später erschien noch Moses mit einer Steintafel vor meinem geistigen Auge. Verdutzt und mit ernster Miene sah er mich an. Er wusste nicht, wer ich bin. Bahá'u'lláh kam hinzu und berührte ihn an der Schulter und klärte ihn auf. Er lachte und sein Gesicht hellte sich auf. Später kam der Dämon des Meisters auf mich zu und entschuldigte sich bei mir und gab mir zu verstehen, dass er mich in Zukunft nicht mehr belästigen werde.

In Luzon angekommen sah ich wie Bolon Yokte mit dem Dämon spielte und ihn vom Einfluss des Meisters entzog. Als Mischwesen konnte Bolon Yokte seine dunkle Seite beliebig mit seiner hellen Seite vertauschen. Wenige Tage später hörte ich die Stimme Gottes, die zu Beginn wegen meiner Sünden verärgert Klang. Er werde mich deswegen bestrafen. Er sicherte mir aber auch seine Unterstützung zu wegen meiner guten Seite, den starken Glauben an ihn und wegen den Schwierigkeiten, die mir noch bevorstehen. Er entfernte den Schmerz in meiner Lebergegend und transformierte meine beiden Seelen zu demi-demi.

An einem anderen Tag hatte ich eine Begegnung mit Luzifer. Ich stieg in die Hölle herab und sah ihn zwischen zwei Quadern aus Metall. Beide Quader hatten auf einer Seite eine kleine Öffnung. Jeweils zwei Arme ragten aus diesen Öffnungen hervor und rötliches Feuer schien darin zu brennen. Panik machte sich in mir breit. Luzifer fragte fordernd: „Links oder rechts? Entscheide dich!" Ich antwortete hastig: „Unten und oben!" Erzengel Michael stieg herab und entfernte mich von Luzifer, der uns nacheilte. Sie lieferten sich ein kurzes Gefecht, bis Luzifer vorerst nachgab. Ich weinte heftig vor Furcht und Angst. Ich war noch nicht bereit, die Qualen des teuflischen Feuers zu spüren. An diesem Abend waren auch zwei Geckos in meinem Zimmer. Luzifer und Bolon Yokte fuhren in sie hinein und lachten um die Wette.

Auf der Insel Cebu im Dezember hatte ich eine weitere Begegnung mit Luzifer. Meine Seele war bereit, das teuflische Feuer zu spüren. Bahá'u'lláh, Báb und weitere Manifestationen erschienen durch Portale, um zu schauen welche Auswirkungen dieses teuflische Feuer auf meine Seele hat. Luzifer suchte den passenden Quader für mich aus und begann dann zuerst meinen Rücken mit seiner Handfläche zu berühren. Ein Gefühl der Wärme und Hitze machte sich auf meinem Rücken bemerkbar, aber kein Schmerz, wie wenn man sich verbrennt. Ein Gefühl, das ich noch nie gespürt habe und das man kaum in Worte fassen kann. Während Luzifer meinen Rücken abklopfte, flammten an diesen Stellen Feuerzungen auf. Mir wurde gesagt, dass ich mir vorstellen soll, wie ich in einem endlosen, erfrischenden und kühlen Meer schwimme, um das teuflische Feuer zu löschen. Gebete helfen die Qualen zu mindern. Bolon Yokte teilte mir mit, dass Luzifer mit den anderen gefallenen Engeln in den kommenden Jahren das teuflische Feuer in mir so stark entfachen werden, dass die Qualen an der Grenze des ertragbaren sein werden. Da aber mein Aufgabengebiet auch die Zwischenwelten und die Paradiesebenen beinhalten, werden die Flammen immer wieder gelöscht.

Im Dezember nahm ich zum ersten Mal die Seelen von fremden außerirdischen Völker wahr, die Bolon Yokte bei sich aufgenommen hat. Sie waren in einer Spirale angeordnet und ich konnte etwa fünf von ihnen zählen. Die Spirale versinnbildlicht ihre Entwicklungsstufe und wann sie aufgenommen wurden. Ihre Seelen durchlaufen einen Reinigungsprozess über einen sehr langen Zeitraum. Durch den Einfluss und die Macht von Bolon Yokte bereisen auch sie Hölle, Zwischenwelten und die Paradiesebenen ihrer Manifestationen Gottes. In der Hölle ist nicht Luzifer für sie zuständig, sondern sie haben ihre eigenen Bösen von Gott abgewandten Mächte. Ihre Geschichten und aus welchem Universum, Galaxie oder Sonnensystem sie stammen, werde ich erst erfahren, wenn ich weder ganz tot noch ganz lebendig bin. Die heutige Wissenschaft und Technik sind noch nicht so weit nur das Gehirn über längere Zeit am Leben zu erhalten. Mein Gehirn wird etwa hunderttausend Jahre leben, was nur durch die Wunder von höheren Mächten ermöglicht wird. Wenn mein Gehirn dann klinisch tot ist, bereise ich neue Welten und lüfte Geheimnisse, die die Menschheit wissenschaftlich und geistig weit voranbringen. Zum einen werde ich mein Wissen direkt mit gewissen Menschen auf der Erde austauschen, die keinen Zugang zu meinem Gehirn haben. Zum anderen werde ich mein Wissen auch mit denjenigen Leuten teilen, die mein Gehirn immer wieder zum Leben erwecken können. Auch der Austausch mit verstorbenen sowie großartigen Wissenschaftler, die auch im Jenseits weiterhin Wissenschaft betreiben können, ist dank Bolon Yokte möglich. Bolon Yokte hat mir verraten, dass Bernhard Riemann im Jenseits einen Beweis für seine berühmte Vermutung zur Zetafunktion gefunden hat, und ich als Überbringer fungieren werde.

Vor Weihnachten fand das im Vorwort erwähnte Ritual statt, welches dazu führte, dass meine hellere Seele vom Körper gelöst wurde. Die dunklere Seele dehnte sich im Kopfbereich auf die rechte Gehirnhälfte aus. Das Ritual dauerte mehrere Tage und begann mit einer geistigen Schlacht von mehreren Parteien und Wesen. Bolon Yokte rief zwei weitere Mischwesen herbei, die mich tatkräftig unterstützten. Das dunklere Wesen, dem die Magier aus den USA den Namen Cthulhu gaben, ist in der Lage von einem Menschen eine geistige Voodoo-Puppe zu erzeugen, indem es auf Herz und Hirn zugreift. Mehrere von ihnen haben einen Vertrag mit ihm geschlossen, sprich sie können teilweise auf seine Macht zugreifen, werden aber auch teilweise von ihm geistig kontrolliert. In diesem Kampf konnte ich beobachten, wie die Magier vorgingen. Sie beschossen Cthulhu mit magischen Kugeln, die seine Gestalt und seine Eigenschaften aufdecken sollen. Um die empfangenen Gedanken oder Informationen festzuhalten, fokussierten sie sich auf eine physische Tafel, die ihre bildhaften Gedanken zum Vorschein brachte, um sie später genauer studieren zu können. Cthulhu konnte diese Informationen mit einer schnellen Handbewegung aus ihren Gedanken löschen. Dieser beschriebene Cthulhu ist nicht identisch mit dem Cthulhu vom US-Schriftsteller Lovecraft. Der Abschluss des Rituals war sehr unangenehm und der Meister kam am Ende wieder auf mich zu und fragte mich erneut, ob ich beitrete. Diesmal antwortete ich mit Ja.

Für diese zweite Auflage habe ich betreffend meiner Geschichte und meiner Zukunft vorerst alles Wesentliche zusammengetragen. Ich werde noch etwa vier bis fünf Jahre mich im öffentlichen Raum bewegen können. Danach verschwinde ich im dunklen Netzwerk bis zum beschriebenen Zustand: weder ganz tot noch ganz lebendig.

Wer mich für Anregungen und Fragen kontaktieren möchte, kann dies über die folgende E-Mail-Adresse tun:

keller.edwin@gmail.com